한가락 시조집 ㉙

선비의 노래를 부르며

한가락 모임 지음

도서출판
다운샘

책머리에

이 책은 한가락 스물아홉 번째 시조집입니다. 지금부터 29년 전 유도회 한문연수원에서 중관 선생님께 한문을 배우던 중·고등학교 선생님들을 비롯하여, 뜻 있는 분들이 선생님과 함께 경기도 포천에 있는 여말 절신(絶臣) 이헌 성여완(怡軒 成汝完) 공(公)의 묘(墓)를 탐방하고 그 자리에서 모임의 명칭을 한가락이라 하고 참석한 회원들에게 각각 호(號)를 지어주며, 서로 불러주고 공부한 내용을 시조(時調)로 짓고 부르며 일 년에 한 번씩 찾아간 곳을 정리하여 책을 내기 시작하여, 이제 그 스물아홉 번째가 되는 것입니다. 여기엔 물론 중관(中觀) 선생님의 굳고 굳은 의지가 없었다면 불가능한 일이었을 것이며, 그리고 거기에 회원들의 적극적인 호응이 있었기에 가능한 일이라고 생각합니다. 창립 이래 줄곧 참여한 욕천, 노산당도 있고 그간에 사정이 있어서 참여하지 못하고 떠난 회원도 있지만, 10년이 되던 해에는 백두산도 다녀왔고, 회원들 중에는 개인 시조집과 한시집, 삼국사기·삼국유사에서 나오는 내용을 사자성어(四字成語)로 지어 엮어 내는 일도 하였습니다.

시조(時調)라는 말을 풀어보면, 때 시(時), 가락 조(調)라 하여 때의 곡조, 노래라 할 수 있는데, 사연 많은 인생사에 애환이 없을 수 없고 그것을 풀어 담아낸 시조는 역시 우리의 자랑스러운 멋이 아닐 수 없다. 그 유명한 난정서(蘭亭序)도 때의 명사(名士)들이 회계산 난정(蘭亭)에 모여 시회(詩會)를 하고, 그 시(詩)를 모은 서책(書冊)의 서문(序文)을 왕희지가 썼고, 그것을 당나라 태종이 그렇게 좋아해 오죽하면 무덤에 같이 묻어달라고 했다는 이야기는 우리가 익히 들어 아는 바이다. 물론 기록된 최초 시(詩)의 원형(原形)은 시경(詩經)이고 중국의 한시(漢詩)는 당송(唐宋)시대에 절정(絶頂)을 이뤘으며, 이에 대하여 우리나라 선비들도 우리의 곡조(曲調)가 없을 수 있느냐며 부르기 시작한 게 시조의 시원(始原)이라 한다. 물론 향가의 영향도 있었겠지만 이것이 우리가 아는 시조의 모습이 아닌가 한다.

오늘날까지 여러 어려운 환경 속에서도 우리 한가락을 이끌어 주신 중관 선생님, 보배로운 글들을 지어주신 회원 여러분, 매번 표지 그림을 멋지게 그려주신 이호신 화백님, 꾸준히 예쁜 책을 꾸며주신 다운샘 김영환 사장님 고맙습니다. 감사합니다.

단기 4352(2019)년 4월 28일

한가락 회원 경 우 수

● 중관(中觀) 최권흥(崔權興) 선생님
06677
서울특별시 서초구 방배천로 62.
204호 동천서숙 (02) 702 - 2553

▲ 한가락 스물여덟 돌 잔치(4351.4.29)

● 욕천(浴川) 최장호(崔章鎬)
1963년 전남 곡성 생
건강보험심사평가원
(010-8001-6150)

● 노산당(魯山堂) 전향아(全香阿)
강원도 평창 생
한가락 총무(010-5177-8557)

● 갑고(甲皐) 홍영표(洪永杓)
1930년 경기 강화 생
경제학 박사(010-4949-3416)

● 안일당(安一堂) 이원희(李元熙)
1949년 경기 안양 생
동천서숙 총무(010-2299-4380)

● 설전(雪荃) 임준신(任準臣)
1939년 서울 생
설전화실원장(010-3722-1888)

● 우인(又仁) 경우수(慶佑秀)
1948년 서울 생
자영업 (010-5225-6135)

● 가산(佳山) 임봉훈(任奉壎)
1931년 경북 상주 생
한글+漢字文化 顧問(011-854-6322)

● 오남(梧南) 이종관(李鍾寬)
충북 청주 생
(010-3012-7288)

● 서천(抒洊) 조경휘(趙京彙)
1952년 서울생
삼락서실 (010-9101-4990)

벼 리

선비의 노래를 부르며

336. 통정공묘(通亭公墓)에서

아버지 아들하고
마음 뜻 엇갈리니

어떻게 할 수 없어
망나니 되고 마나

막가는 뜨거운 가슴
식히시라 예 와서

최중관

▲ 통정공묘

▲ 통정공묘 앞에서

▲ 재실 앞에서

▲ 통정공 공부를 하며

336. 通亭公墓(통정공묘)

通亭公墓在京畿道漣川郡旺澄面江內里公姓晉州姜氏
통 정 공 묘 재 경 기 도 연 천 군 왕 징 면 강 내 리 공 성 진 주 강 씨

諱淮伯字伯父號通亭也高祖諱師瞻監察御史曾祖諱昌
휘 회 백 자 백 부 호 통 정 야 고 조 휘 사 첨 감 찰 어 사 증 조 휘 창

貴慶州永川判官祖諱君寶門下侍中考諱蓍門下贊成事
귀 경 주 영 천 판 관 조 휘 군 보 문 하 시 중 고 휘 시 문 하 찬 성 사

妣晉州河元正公楫女以高麗恭愍王六年丁酉生公也自
비 진 주 하 원 정 공 즙 녀 이 고 려 공 민 왕 육 년 정 유 생 공 야 자

幼穎敏讀書一過輒記登第後歷華職至政堂文學兼大司
유 영 민 독 서 일 과 첩 기 등 제 후 역 화 직 지 정 당 문 학 겸 대 사

憲會季弟淮季以杆城王駙馬革命前四日被殺革命日公
헌 회 계 제 회 계 이 간 성 왕 부 마 혁 명 전 사 일 피 살 혁 명 일 공

收其職帖決杖一百流于遐方弟淮仲竊父而逃隱居高陽
수 기 직 첩 결 장 일 백 유 우 하 방 제 회 중 절 부 이 도 은 거 고 양

高峯山下其後新朝累徵不就也王子亂後太祖在咸興時
고 봉 산 하 기 후 신 조 루 징 불 취 야 왕 자 란 후 태 조 재 함 흥 시

太宗以東北面都巡問使召公託重任也然未獨不釋父之
태 종 이 동 북 면 도 순 문 사 소 공 탁 중 임 야 연 미 독 불 석 부 지

大怒猶被害爲不歸之身也時太宗二年壬午享年四十六
대 노 유 피 해 위 불 귀 지 신 야 시 태 종 이 년 임 오 향 년 사 십 육

也嗚呼咸興差使之胎動哉可以爲咸殺京使也哉孰一敢
야 오 호 함 흥 차 사 지 태 동 재 가 이 위 함 살 경 사 야 재 숙 일 감

言此事乎但以無學大師周旋安葬於蓮花浮水明堂也前
언 차 사 호 단 이 무 학 대 사 주 선 안 장 어 연 화 부 수 명 당 야 전

有百杖遠流兮後爲都巡問使哉以孝先於忠故也哉讚曰
유 백 장 원 류 혜 후 위 도 순 문 사 재 이 효 선 어 충 고 야 재 찬 왈

昔日王宮何亂痲　漣川江內一墳撾
석 일 왕 궁 하 난 마　연 천 강 내 일 분 과

臺風飛馥將軍訓　蓮花浮淵名釋牙
대 풍 비 복 장 군 훈　연 화 부 연 명 석 아

父子相生和合導　汝吾反背別離叉
부 자 상 생 화 합 도　여 오 반 배 별 리 차

玄黃天地悟悛裏　處處人人望美葩
현 황 천 지 오 전 리　처 처 인 인 망 미 파

336. 통정공묘(通亭公墓)

통정공의 묘는 경기도 연천군 왕징면 강내리에 있다.

공은 진주 강씨요 휘는 회백이다. 자는 백부요 호는 통정공이다.

고조의 휘는 사첨이요 감찰어사이다.

증조의 휘는 창귀요 경주 영천판관이다.

조의 휘는 군보요 문하시중이다.

고의 휘는 시요 문하찬성사이다.

어머니는 진주 하원정공 집의 딸이다.

고려 공민왕 6년 정유에 공을 낳았다.

어려서부터 영민하여 한 번 읽은 책을 문득 기억하였다.

과거에 올라 좋은 직책을 지냈다. 정당문학에 이르러 대사헌을 겸하였다.

마침 아우 회계가 간성왕의 부마가 되었다. 혁명전 4일에 피살되었

다. 혁명 일에 공이 그 벼슬을 거두고 곤장 일백 대를 맞고 멀리 귀양갔다.

아우 회중이 몰래 아버지를 업고, 고양 고봉산 아래로 도망가서 살았다. 그 뒤에 새 조정에서 여러번 불렀으나 나가지 않았다.

왕자난 뒤에 태조가 함흥에 있어, 태종이 동북면 도순문사로 공을 불러 중임을 맡겼다.

그러나 홀로 태조의 대노를 풀지 못하였다. 오히려 해를 입었고 몸은 돌아오지 못하였다.

때는 태종 2년 임오년 향년 46세였다.

오호라 함흥차사가 태동함일진져 가이 써 함살경사라 할 수 있도다.

누가 감히 이 일을 한 마디로 써 말하겠는가, 다만 무학대사가 주선하여 안장하게 하니 곧 연꽃이 떠있는 명당자리로다.

앞에 곤장 백대를 맞고 멀리 귀양감이여, 뒤에 도순문사가 되었도다.

써 부모에 효도함이 충성에 앞선 연고로다.

기려 노래하노니,

옛날 왕궁엔 어떤 난마가 있었기에
연천군 강내에 한 무덤이 호령하는구나.
잔디 무덤의 나는 향기는 장군 가르침이요
연꽃의 연못이라 무학대사가 이름했도다.
부자가 상생하는 화합으로 인도했고
나와 네가 반대되니 이별로 갈라섰네.
하늘땅 싸움보고 깨닫고 고치는 속에
곳곳의 사람들은 아름다운 꽃을 바라본다.

전

누렇게 검붉은 피
싸운다 하늘과 땅

애꿎은 눈물 꽃만
닦아도 쭉 내린다

괜스레 가슴을 덮고
그럼에도 나섰다

욕천 최장호

하늘 땅 새저마노
아비와 아들인데

못 올 줄 알았기에
다 놓고 떠났던 길

이제는 높은 곳 앉아
내려 보며 웃는다

노산당 전향아

나랏일 생각보단
어버일 먼저 그려

아버지 아들사이
이으려 몸바쳤네

이 뜻을 어느 누군가
알아줄 이 있으리

갑고 홍영표

물위의 연봉오리
어진이 자리한 터

글재주 남달라서
벼슬도 높았어라

그러나 한길이로다
외쳐봐도 답답해

안일당 이원희

한번쯤 읽은 책은
머리에 꼭꼭 담아

나랏일 앞장서다
머흔 길 귀양살이

아비와 풀 수 없는 일
함흥차사 되었네

설전 임준신

굳굳이 이는 바람
집안에 이어지고

버림을 받았어도
나라가 먼저로다

말없이 떠나간 일은
두고두고 남으리

우인 경우수

새나라 살림살이
북소리 요란한데

가르침 본받아도
돌아온 함흥차사

그리도 멀고 멀던가
뒤돌아본 그날이

가산 임봉훈

물위의 연봉오리
수줍은 밝은 터라

남다른 글재주에
우뚝한 벼슬이라

아들들 잇고 이어서
집안 더욱 빛냈다

오남 이종관

옛 임을 못 지키고
눈물의 죽을 고비

새 임의 뜻이었나
못 올길 웬일인가

좋은 곳 자리 잡으사
꽃이 피네 먼 뒷날

서천 조경휘

通亭公墓

안일당 이원희

王子相爭政亂痲 漣川江內一墳撾
綠薹古墓明堂壯 蒼蘚烏碑運筆牙
呼訴父情無果盡 未歸流配死生叉
新朝不仕賢儒本 灼灼通亭名望葩

왕자들이 서로 다투어 정란으로 얼크러지고
연천 강내리에 한 묘가 있도다.
푸른 잔디에 옛 묘는 명당으로 웅장하고
푸른 이끼 낀 검은 비석은 운필이 뛰어나도다.
부정에 호소하였으나 결과 없이 다했고
유배지에서 돌아오지 못했으니 사생의 길 이었도다.
신조에 벼슬하지 않은 어진 선비의 본이요
빛나고 빛나는 통정공은 명망의 꽃이로다.

通亭公墓

가산 임봉훈

昔在城中悖亂麻 崇墳悲史鼓琴撾
臺風響叫將軍斆 荷氣聲言領釋牙
差使道程咸興起 不歸之體泥田叉
天黃萬物哉乎殺 裁決通亭韻宇葩

옛날 宮城에서 悖德으로 세상이 혼란하였는데
숭배하는 悲史의 무덤은 거문고 타는 북채로다.
臺風에 울리는 소리는 장군을 본받고 가르침이니
연꽃 향기로 말하고 밝힘은 領釋 牙箏이로다.
使臣 보낸 길 어긋난 道程은 함흥에서 일어났고
불귀의 身體로 泥田鬪狗하여도 갈래는구나.
天地玄黃 讀破한 萬物之靈은 焉哉乎也라 하거늘
是非가리며 결정한 通亭공은 風度가 꽃이로다.

通亭公墓

오남 이종관

王族弟兄爭亂麻 漣川江內古封撾
咸興差使未歸盡 無學周旋名穴牙
闕內事端收拾諫 國初悲劇子親叉
塵生未百夢千歲 所願萬人望美葩

왕족 형제간 다툼이 어지러운 것을 보고
연천 강내리에 옛 무덤이 호령하는도다.
함흥차사로 갔다가 돌아오지 못하고
무학대사 주선으로 연화부수형 명당에 장사지냈도다.
궐내의 사태를 수습코자 간하였으나
국초 비극으로 부자가 갈라섰도다.
인생은 백년을 못살면서 천년을 꿈꾸노니
만인이 아름다운 꽃을 소원하면서 바라는도다.

通亭公墓

서천 조경휘

綠白生坤肖列麻 漣川一冢周岑撾
龍頭前聳得淵壯 龜貌後從提率牙
笞杖遠流官職奪 都巡問使不歸叉
何緣大釋卜名地 事錄有無吾等葩

땅에는 녹색 백색 삼마의 나열 닮은 듯
연천 한 무덤은 주변 뫼 뿌리를 두드리듯
용머리 솟고 연못을 얻어 힘은 넘치고
뒤 따르는 거북모양 인솔하는 깃발인 듯
태장에 귀양살이 관직은 박탈되고
도순문사로 가서 저승길 갈림 되어
무슨 연고로 무학대사 명지를 점지하였나
사연이야 있건 말건 우리들의 꽃이 되었네.

통정공묘(松通亭公墓)에서

세온서른여섯 번째 한가락 모임
때 : 4351(2018)년 4월 21일, 토요일, 맑음
곳 : 통정공묘 - 경기도 연천군 왕징면 강내리

제336회 한가락 모임은 아예 모이기를 경기도 동두천역에서 10시에 모이기로 하였다.

버스로 이동하면 편하기는 하지만 예산 절감을 생각하지 않을 수가 없어서 불편하더라도 동두천역으로 약속을 잡았다.

한 분, 두 분 시간에 맞추어 다 나와 주셨으니, 중관 선생님을 비롯하여 갑고, 가산, 설전, 우인, 석초, 욕천, 서천, 문광, 변충근, 서정원, 노산당까지 많지 않은 12명이 오늘의 탐방 진행을 위한 참석 인원 전부이다.

우인과 서천이 승용차를 가지고 나왔으니 택시 한 대를 불러 나누어 타고 목적지인 나루터 마을에 다다르니 마을 이장이 길 안내를 해주었다.

4월은 농부의 일손이 가장 바쁜, 씨앗을 뿌리는 시기인지라, 이장 또한 많이 바쁘실 테지만 일손을 잠시 접어두고 안내를 위하여 앞장을 서주셨다.

이곳은 북한과 밀접한 군사지역이라 주민증을 맡겨놓고서야 군부대를 통과할 수가 있었다.

민간인이 살지 않는 군사지역을 쭉 들어가니 비어 있는 땅만 둥그런 하고 조용한 것이 대낮인데도 불구하고 고요하기만 하다.

앞으로 쭉 4킬로만 들어가면 북한이라고 한다. 가깝지만 아주 먼 거리, 북한과 속히 서로 왕래를 하여 점심은 북한에서 냉면을 먹고, 저녁엔 서울에서 치맥을 먹으며 담소를 나눌 수 있는 그런 날이 왔으면 하고 상념에

젖어본다.

저만치에 둥그런 동산 같은 언덕이 보이는데 가까이 가보니 특이한 산소이고 우리가 찾는 통정공 묘역이었다.

통정공은 진주 강씨로 호는 통정이요, 휘는 회백이며, 자는 백보이다.

산소는 평지에 흙을 모아 동산을 만들어 놓고, 그 위 머리에 산소를 올려놓아, 밑에서 보면 하나의 커다란 산소처럼 보이나 위로 올라가보면 머리 위에 족두리를 씌워 놓은 것 같은, 산소봉우리를 살짝 올려놓은 형상이라 약간은 위험한 발 디딤을 조심해야 하는, 보기 드문 처음 보는 산소이다.

산소 지형은 연꽃형 산소이며, 그래서 동산을 만들어 놓고 그 위에 산소를 올려놓아 연꽃을 연상시키는 효과를 만들었다. 이 자리는 무학대사가 자리를 잡아주었다고 한다.

조심스럽게 참배를 올리고 지형을 둘러보았다. 높은 곳에서 내려다보니 앞이 시원하고 사방이 탁 트여서 가슴이 시원하다.

우리는 산소 앞에서 단체 사진을 찍고 바로 옆에 있는 재실을 둘러보았다. 사람이 살지 못하는 마을이라 잠글 필요도 없겠는데도 불구하고 잠겨져 있어 들어가지는 못하였으나, 매우 깨끗하게 잘 정돈되어 있었다.

소나무도 푸른 기상을 뽐내며 늠름한 자태로 자라고 있어 재실과 잘 어울리는 운치가 있는 재실이었으나, 들어가서 마루에 걸터앉아 시조창을 불러주어 통정공의 혼과 통했으면 과거와 현재가 잘 어울리어, 공부가 두 배로 머리에 쏙 들어올 텐데…….

재실 옆엔 박물관도 있었으나 역시 잠겨있으니 들어갈 수가 없었다.

넘치는 아쉬움을 뒤로하고, 준비한 자료 공부를 위하여 식당으로 가야만 했다.

이름 모를 새가 맑은 하늘을 돌며 고운 소리로 지저귀면서 배웅을 한다.

아마도 통정공의 혼과 연결된 새 한마리가 과거와 현재의 다리 역할을 하면서, 본인의 마음을 가장 잘 이해하고 해석하는 한가락이여, 조심해서 잘 가라고 인사하는 것이 분명하다.

다시 서둘러 나루터 마을로 내려와 미리 예약해 두었던 둔전마루 매운탕 집에 들어가 준비해간 자료 공부를 하였다.

더위에 지치지도 않으셨는지 우렁찬 중관 선생님의 목소리는 오늘도 힘이 넘치신다.

진주 강씨의 꼿꼿한 정신으로 회유에 굽히지 않아 귀양까지 다녀왔으나, 끝내 함흥차사라는 중임을 맡아 돌아올 수 없는걸 알면서도 떠나야만 했던 그 마지막 길을 떠나 46세의 아까운 나이로 돌아가셨다.

사람목숨도 좌지우지하던 왕권시대의 희생자이셨던 공에 대한 자세한 내용은 해석본에 그대로 있으므로 이만 생략한다.

오늘 점심은 문광 강윤석님께서 내주셨다. 문광 선생도 공의 강직한 정신을 이어받은 후손으로서 강씨의 기백을 온몸으로 뿜어내시는 말없는 실천가, 포용력이 넘치시는 분이시다.

오늘 맛있는 음식으로 공부도 백점, 점심도 백점, 기분도 백점, 정말로 즐거운 하루였다.

노산당 전향아 씀.

337. 월정공묘(月亭公墓)에서

네모난 옛집 같아
지나쳐 보기 쉽고

눈감고 울 밖으로
내달아 왔다마는

오늘은 저 뜰 가득 찬
손님들이 반갑다

최중관

▲ 월정공묘

▲ 월정공묘 앞에서

▲ 두 부인 묘비

▲ 월정공 공부를 하며

337. 月亭公墓(월정공묘)

月亭公墓在京畿道安養市飛山洞來美安村後山南麓公
월 정 공 묘 재 경 기 도 안 양 시 비 산 동 래 미 안 촌 후 산 남 록 공

諱廷顯字汝明文化柳氏高祖諱璥中贊門下有安珦也曾
휘 정 현 자 여 명 문 화 유 씨 고 조 휘 경 중 찬 문 하 유 안 향 야 증

祖諱陞孝子旌門祖諱墩大提學考諱鎭文化君以高麗恭
조 휘 승 효 자 정 문 조 휘 돈 대 제 학 고 휘 진 문 화 군 이 고 려 공

愍王四年乙未生公自幼出衆出仕歷內外華職至密直司
민 왕 사 년 을 미 생 공 자 유 출 중 출 사 역 내 외 화 직 지 밀 직 사

右左代言及壬申變易以前朝臣不服放置遠方也國初民
우 좌 대 언 급 임 신 변 역 이 전 조 신 불 복 방 치 원 방 야 국 초 민

心哅哅以爲賴於元臣急招公全羅道都觀察使忠淸道都
심 흉 흉 이 위 뢰 어 원 신 급 초 공 전 라 도 도 관 찰 사 충 청 도 도

觀察事東北面都宣撫處置使等次出仕以元桂婿爲姻親
관 찰 사 동 북 면 도 선 무 처 치 사 등 차 출 사 이 원 계 서 위 인 친

故也其後以都統舟師肅淸島夷之功眞大哉公爲人歷各
고 야 기 후 이 도 통 주 사 숙 청 도 리 지 공 진 대 재 공 위 인 역 각

曹判書至領議政嚴毅果斷謙約謹愼論議剛正無所忌避
조 판 서 지 영 의 정 엄 의 과 단 겸 약 근 신 논 의 강 정 무 소 기 피

也世宗八年丙午五月十五日戊申考終于家享年七十二
야 세 종 팔 년 병 오 오 월 십 오 일 무 신 고 종 우 가 향 년 칠 십 이

也諡曰貞肅配貞敬夫人鄭氏西原伯顤女繼配和敬宅主
야 시 왈 정 숙 배 정 경 부 인 정 씨 서 원 백 오 녀 계 배 화 경 택 주

李氏完山君元桂女也嗚呼公之墓失傳以力求之誠發現
이 씨 완 산 군 원 계 녀 야 오 호 공 지 묘 실 전 이 력 구 지 성 발 현

哉方墳麗制之意深藏兮孰敢開口言乎其志寬簡哉讚曰
재 방 분 여 제 지 의 심 장 혜 숙 감 개 구 언 호 기 지 관 간 재 찬 왈

立夏已過小滿陽 飛山洞後一墳塘
입 하 이 과 소 만 양 비 산 동 후 일 분 당

角封舊制儻包戀 層屋前庭如近臧
각 봉 구 제 당 포 연 층 옥 전 정 여 근 장

變易渦中流遠地 擊倭險處引先槍
변 역 와 중 유 원 지 격 왜 험 처 인 선 창

失傳曲折勿聞裏 昔日阿衡民本香
실 전 곡 절 물 문 리 석 일 아 형 민 본 향

337. 월정공묘(月亭公墓)

월정공묘는 경기도 안양시 비산동 래미안촌 뒷산 남쪽 기슭에 있다.

공의 휘는 정현, 자는 여명이요 문화 유씨이다.

고조의 휘는 경, 중찬이요 문하에 안향이 있다.

증조의 휘는 승, 효자로 나라에서 정문을 세워 주었다.

조의 휘는 돈, 대제학이다.

고의 휘는 진, 문화군이다.

고려 공민왕 4년 을미년에 공이 태어났다.

공은 어려서부터 출중하였으며, 벼슬에 나아가 안과 밖으로 화려한 벼슬을 지냈으며, 밀직사좌우대언에 이르러 임신년 변역을 당하여 전조 고려의 신하로서 복종하지 않았다. 먼 지방으로 귀양을 갔다.

나라를 처음 세웠으나 백성들의 마음이 흉흉하니, 옛 신하들을 달래려고 급히 공을 불렀다.

전라도관찰사 충청도관찰사 동북면 도선무처치사로 공을 보내 차례차례로 나아가 벼슬을 살았다.

이것은 이원계의 사위가 되는 연고로 인척이기 때문이다. 그 뒤 도통주사로서 섬 오랑캐를 숙청하니 그 공이 진짜로 컸다.

공의 사람 됨됨이 드러나 각종 판서를 지나서 영의정에 이르렀다

엄하고 굳세며 과감하고 겸손하고 간략하게 처리하며 삼가 조심하여 논의를 강하고 바르게 하며 꺼리며 피하지 않았다.

세종 8년 병오년 5월 15일 무신에 집에서 임종하였으니 향년 72세였다. 시호는 정숙이다.

부인 정경부인 정씨이다. 서원백 오의 딸이다. 두 번째 부인은 화경택주 이씨이다. 완산군 원계의 딸이다.

오호라 묘가 실전되어 힘써 찾았으니 효성이 지극하여 발견되었다. 방분으로 고려제도의 뜻을 담았으니 깊이 감추었도다.

누가 감히 입을 열어 말할 수 있으리오 그 뜻은 너그럽고도 대범하였도다. 기려 노래하노니,

입하가 이미 지나 소만이 따뜻한데
비산동 뒷산에 한 무덤이 옥처럼 빛나도다.
모난 무덤은 옛날 제도인데 아마도 은근한 사랑을 싸놓았고
층층이 지은 뜰 앞의 집은 아름다운 사람을 가까이 하려는 것이겠다.
나라가 바뀌는 와중에 멀리 귀양 갔었고
왜나라를 칠 때는 앞장서서 부하를 이끌었도다.
무덤이 실전됐던 사연은 들을 수 없는 속에
옛날 높은 벼슬(아형)들은 백성을 근본적으로 여기는 향기로다. 전

나라의 받침목이
아직은 비딱비딱

말다툼 시끌버끌
알맞게 끊고 맺어

나가서 한 일 가운데
한얼사람 밖으로

욕천 최장호

달 밝은 뜨락이라
찾기가 쉬우련만

보일 듯 안개 속에
그 길이 묻혀있네

네모난 그리운 추억
다행이라 허허허

노산당 전향아

햇볕이 따가우니
첫여름 분명코나

모난 집 둥근 하늘
달집의 임자로다

오늘은 선비들 맞아
긴 노래로 견주리

갑고 홍영표

집 숲속 아늑한 곳
고운님 자리했네

곧아서 참말이라
멀리로 귀양갔네

기리는 한가락노래
반갑도다 찾은이

안일당 이원희

가까운 뜨락 속에
곧은 임 쉼터 있다

옳은가 그른가는
뒷사람 몫일러니

조용히 네모난 집에
숨은 듯이 있도다

설전 임준신

두 임금 섬길소냐
벼슬을 버렸으나

백성이 어려우니
나라가 먼저로다

날뫼골 네모난 무덤
님의 속을 말하네

우인 경우수

동네 길 힘들어도
돕는 이 따로 있고

세월은 말하리다
무심한 나그네 길

멀어도 갈 길은 간다
옛날 옛적 생각나

가산 임봉훈

날뫼의 집 숲속에
다소곳 임의 모습

올곧아 멀리멀리
귀양간 참 어진이

한가락 기리는 오늘
읊어보는 귀한 임

오남 이종관

月亭公墓

안일당 이원희

安養集家間向陽 飛山洞內古封塘
方墳麗制頌忠表 烏碣鮮形崇節臧
變易壬申居隱處 倭軍丁酉逐持槍
一生爲國獻身仕 貞肅英名千代香

안양 아파트 사이에 양지를 향해
비산동 안에 옛 봉분이 아름답도다.
방분은 고려제도로 충을 기리는 표요
검은 비석은 조선 제도로 숭절을 감추었도다.
임신변역에 숨어 살았고
정유왜란에 창을 잡고 쫓았도다.
나라를 위하여 일생을 헌신한 선비요
정숙공의 꽃다운 이름은 천대의 향기로다.

月亭公墓

가산 임봉훈

立夏飛山谷響陽 方墳深秘蕩平塘
琶樓律影天河戀 瞰榭風聲地籟臧
變革易邦迎合局 來侵擊島報怨槍
武文日月雲亭弄 萬古阿衡在昔香

立夏의 비산동 골짜기는 陽德 메아리가 울리는데
네모 무덤의 심비는 蕩平平定의 구슬 瑭撫로구나.
玉樓에서 비파가 울려 퍼지니 은하수가 그리운데
내려다본 정자의 風聲은 아름답고 착한 地籟로다.
변혁으로 바뀐 나라에서 迎合해야하는 局面인데
내침한 섬나라 격퇴한은 원한을 갚는 槍劍이로다.
무덕과 문덕의 세월은 雲海의 驛站에서 희롱하니
만고의 阿衡도 옛날 옛적에 향기 피우고 있음이다.

月亭公墓

오남 이종관

來美安村後向陽 飛山洞裡一封塘
方墳故制恒思戀 人里前庭發見臧
變革壬申流遠地 寇倭丁酉執防槍
甘棠伊尹慕望日 貞肅遺芳千世香

래미안촌 뒤 햇빛 밝은 양지에
비산동리의 한 무덤이 아름답구나.
방분 옛 묘제를 항상 그려왔더니
인가 앞뜰에서 숨긴 것을 찾았네.
임신변역에 원지로 유배되었다가
정유왜란에 방어의 창을 잡았네.
이윤 같은 선정을 사모하던 차에
정숙공의 끼친 향기 천세토록 향기로우리로다.

월정공묘(月亭公墓)에서

세온서른일곱 번째 한가락 모임
때 : 4351(2018)년 5월 26일, 토요일, 맑음
곳 : 월정공묘 - 경기도 안양시 비산동 래미안촌

月亭(월정)공묘를 찾아간다. '달과 亭子(정자)' 전하는 글자의 말과 뜻은 '亭'자를 酒幕(주막), 여관 또는 정자, 驛站(역참)이라고 한다. 달 월'月'자는 밤이 되면 온 세상을 밝혀주기도 하고 밤낮을 가려주면서 神祕(신비)롭도록 感性(감성)과 만물을 어루만져준다. '달과 정자'를 즐기는 '월정'공은 太祖(태조) 李成桂(이성계) 異腹(이복)형인 元桂(원계)의 사위이다. 그의 墓號(묘호)역시 권력에 걸맞는 柳陵墓(유능묘)라고 전한다. 名(명)은 '廷顯(정현)'으로 '朝廷(조정)에 나타난다'라 하고 '字(자)는 汝明(여명)으로 너는 밝아라'라고 풀이하기도 한다. 當代(당대)의 名門大家(명문대가), 文化柳氏(문화유씨)이다.

檀紀 4351(2018)年 5월 26일이다. 歷史(역사)탐방 29년 次(차)의 두 달째이다. 志學(지학)威德(위덕))으로 遺蹟(유적)탐방하고 紀行文(기행문)과 時調(시조), 律詩(율시)를 남겨왔다. 미래의 자산이다. 이른 아침, 동트기 전부터 부산하다. 집을 나선다. 一山(일산)에서 矜井驛(긍정역)까지는 약 3시간이 所要(소요)된다. 3번을 갈아타야한다. 지나온 날들이 走馬燈(주마등)처럼 스쳐지나간다. 오래도록 大型(대형)버스를 賃借(임차)하고 韓半島(한반도)의 땅 끝 마을까지, 盡智(진지)하고 興味(흥미)롭게, 구석구석을 누벼왔다. 지금은 경기·서울중심으로 빠진 곳을 찾아다닌다. 30星霜(성상)의 끈기와 努力鬪志(노력투지)의 年輪(연륜)은 在野學術團體(재야학술단체)로서 自矜心(자긍심)과 自慰(자위)를 가지게 한다. 30권 더하기 알파의 國內外(국

내외) 紀錄物(기록물)들이 答(답)을하고 말을 할 것이다.

오늘은 地下鐵(지하철)과 택시, 버스를 이용하기로 하였다. 安養市(안양시 飛山(비산)동에 있는 來美安村(래미안촌)이다. 단지 안에 있는 陵墓(능묘)를 探査(탐사)한다. 지도교수 中觀(중관) 崔權興(최권흥) 선생님과 함께, 甲皐 洪永杓(홍영표) 박사, 雪荃 任準臣, 又仁 慶佑秀(경우수), 浴川 崔章鎬(최장호), 魯山堂 全香阿(전향아), 抒洧 趙京彙(조경휘), 徐正源(서정원)선생, 佳山 任奉壎(임봉훈) 외 3인의 文人作家(문인작가)들이 참여하였다.

鐵柵鐵網(철책철망)으로 둘러싼 울타리(離牆)로 出入을 막고 있었다. 돌고 돌아, 풀과 가시넝쿨 숲속을 헤맨다. 울창한 樹木(수목)이 얽히고설키어 現場接近(현장접근)을 힘들게 한다. 都市開發美名下(도시개발미명하)에 방치된 欲望(욕망)의 그림자가 아닐까? 아쉬움이 남는다. 비석 글과 전하는 글들을 찾아 읽어야하기 때문이다. 그 밖의 유물들은 기록으로 남겨야 하는데 踏査環境(답사환경)과 초여름 더위가 힘들게 한다. 쉬운 곳이 아니었다. 넓지 않는 공간의 墓(묘)에는 2미터쯤 되는 월정공(廷顯) 묘비와 和敬宅主(화경택주) 완산이씨, 貞敬夫人(정경부인) 청주정씨의 墓表石壇(묘표석단)과 문인석 2개, 동자석처럼 낮은 비석 두개와 상석 등이 타 묘와 密接(밀접)하고 있었다. 아쉬운 대목이다. 오늘날 흩으러지고 있는 傳統文化(전통문화)의 現住所(현주소)를 보는 것 같기도 하다.

다행스럽게도 安養文化遺産(안양문화유산) 解說士(해설사) 세 분이 함께 해주어 고마웠다. 丁奉子(정봉자) 회장, 安東淑(안동숙) 부회장, 임원 廉永浪(염영낭)씨 등이다. 일반적인 遺蹟地(유적지) 안내를 해주었다. 그중 '安養(안양)'이라는 지명의 由來史(유래사)가 있었다. 고려 王建太祖(왕건태조)는 남쪽征伐(정벌)을 위하여 安養寺(안양사)가 있는 三聖山(삼성산)을 지나는데 '五色(오색)구름 彩色(채색)을 이루자' 異常(이상)하게 여기고 가보았다고 한다. 그 곳에서 '능정'이라는 스님을 만나게 된 緣由(연유)로 세운 寺剎(사찰)이라 한다. 安養(안양)토박이로 문무를 겸한 月亭(월정)은 諡號(시호)가 '貞肅(정숙)'공이다.

다음과 같이 中觀(중관) 崔權興(최권흥) 선생님은 熱講(열강)하신다. 태어날 때부터 出衆(출중)하여 곧 華職(화직)으로 密直使(밀직사) 등과 左右代言(좌우대언)에 出仕(출사)한다. 때에 나라가 混亂(혼란)해졌다. 高麗朝臣下(고려조신하)로서 壬申變易(임신변역)에 不服(불복)하니 遠方(원방)으로 放置(방치)된다. 민심이 恟恟(흉흉)하게 되어 급한 부름을 받게 된다. 元臣(원신)이요 姻親(인친)이라는 까닭이다. 전라도, 충청도의 都觀察使(도관찰사)와 동북면 都宣撫(도선무)處置使(처치사)를 歷任(역임)하게 된다. 이후에 都統(도통)舟師(주사)로서 肅淸島(숙청도)에 침입한 倭軍(왜군)을 물리쳐서 功을 세운다. 領議政(영의정)에 오른다. 嚴毅(엄의)果斷(과단), 謙約(겸약)勤愼(근신), 論議(논의)剛正(강정)으로 無所忌避(무소기피)의 치적을 남기고 享年(향년) 72세로 考終(고종)한다. 어찌 康福孔夷(강복공이)라 아니하리오.

四代祖(사대조)까지 살펴보면 考(고)는 文化君(문화군)이라는 君號(군호)를 내려 받았고 祖(조)는 大提學(대제학) 벼슬을, 曾祖(증조)는 孝子旌門(효자정문), 高祖(고조)는 中贊(侍中)벼슬을 역임한 '璥(경)'이다. 安珦(안향)이라는 대학자의 스승이었다. 우리나라 최초로 鄕校(향교)를 새워 후진양성을 이끌게 한 큰 스승이었다. 江華島(강화도)는 옛 부터 서해안 요충지이다. 건너편 喬桐島에 喬桐鄕校(교동향교)가 건재하고 있다.

교동도는 한강과 임진강, 開城(개성)의 大成江(대성강)이 바다와 합류하는 海口(해구)요, 江口(강구)이다. 육지로 들어가는 黃布(황포)돛대 뱃길이 아니었을까? 사연도 많으리라. 달빛! 달빛처럼. 외로우면서도 외롭지 않기노 하고, 밝기도 하고, 어둡기도 하리다. 世上萬事(세상만사)는 뜻대로 되기도 하고 되지 아니하기도 하리다. 黃布(황포)에 서린 달빛처럼 月亭(월정)공은 安養(안양)에서 태어나 故鄕(고향)을 지키고 고향에서 考終(고종)을 엮었건만 변천하는 시류를 비켜가지 못하는 것 같다. 찾아간 나그네들은 달빛 비추어주는 대로 律詩(율시)에 담아 노래하고 기리고 읊는다.

가산 임봉훈 씀.

338. 학란재(鶴蘭齋)에서

앞서니 이름이라
선비의 마을이다

그 옛날 할아버지
그 모습 되새기며

오늘은 서울 손들과
읊어보자 한가락

최중관

▲ 학란재

▲ 충숙공묘 앞에서

▲ 충숙공묘

▲ 충숙공 공부를 하며

338. 鶴蘭齋(학란재)

鶴蘭齋在京畿道利川市戶法面梅谷里朴忠肅公追慕處
학 란 재 재 경 기 도 이 천 시 호 법 면 매 곡 리 박 충 숙 공 추 모 처

也公諱蘭英字馨伯高靈人高祖諱永老進士曾祖諱禮達
야 공 휘 난 영 자 형 백 고 령 인 고 조 휘 영 로 진 사 증 조 휘 예 달

贈通禮祖諱敢贈戶曹參判考諱宗秀贈刑曹判書妣全義
증 통 예 조 휘 감 증 호 조 참 판 고 휘 종 수 증 형 조 판 서 비 전 의

李氏監察希騫女以宣祖八年乙亥生公天品英俊忠義出
이 씨 감 찰 희 건 녀 이 선 조 팔 년 을 해 생 공 천 품 영 준 충 의 출

衆嘗通達騎馬射術兵書文科後歷宣傳官及諸郡至別將
중 상 통 달 기 마 사 술 병 서 문 과 후 역 선 전 관 급 제 군 지 별 장

出征金爲捕虜丁卯年和約後歸還及南漢山城功防以王
출 정 금 위 포 로 정 묘 년 화 약 후 귀 환 급 남 한 산 성 공 방 이 왕

子僞裝事件被殺仁祖十四年丙子十二月九日享年六十
자 위 장 사 건 피 살 인 조 십 사 년 병 자 십 이 월 구 일 향 년 육 십

二也後贈補國崇祿大夫議政府領議政命禮葬顯宗忠臣
이 야 후 증 보 국 숭 록 대 부 의 정 부 영 의 정 명 예 장 현 종 충 신

旌閭諡忠肅也配文化柳氏贈貞敬夫人參軍堰女子坐午
정 여 시 충 숙 야 배 문 화 유 씨 증 정 경 부 인 참 군 언 녀 자 좌 오

向合祔也嗚呼羅王朴門深源兮雲仍繁衍高靈哉子坐午
향 합 부 야 오 호 나 왕 박 문 심 원 혜 운 잉 번 연 고 령 재 자 좌 오

向明穴兮爲人奉事獻身哉甲坐庚向星穴兮守暮開曉長
향 명 혈 혜 위 인 봉 사 헌 신 재 갑 좌 경 향 성 혈 혜 수 모 개 효 장

聖哉梅谷敦室龍穴兮四君子之先導哉爲國授命謂忠兮
성 재 매 곡 돈 실 용 혈 혜 사 군 자 지 선 도 재 위 국 수 명 위 충 혜

執心決斷謂肅哉忠忠肅肅最高兮萬古史上無雙哉讚曰
집 심 결 단 위 숙 재 충 충 숙 숙 최 고 혜 만 고 사 상 무 쌍 재 찬 왈

子午向方比甲庚　利川陽地一墳宏
자 오 향 방 비 갑 경　이 천 양 지 일 분 굉

幽宮梅谷堅心合　鎭嶽雪峰來脈明
유 궁 매 곡 견 심 합　진 악 설 봉 내 맥 명

別將對金爲捕虜　僞裝王族授餘生
별 장 대 금 위 포 로　위 장 왕 족 수 여 생

贈官領相諡忠肅　誰有追從無限榮
증 관 영 상 시 충 숙　수 유 추 종 무 한 영

338. 학란재(鶴蘭齋)

학란재는 경기도 이천시 호법면 매곡리에 있다.

박충숙공을 추모하는 곳이다.

공의 휘는 난영이요, 자는 형백이요 고령 박씨이다.

고조의 휘는 영로요, 성균관 진사이다.

증조의 휘는 예달이요, 통예원 통예를 증직받았다.

조의 휘는 감이요 호조참판을 증직받았다.

고의 휘는 종수요 형조판서를 증직받았다.

어머니는 전의 이씨로 감찰 희건의 딸이다.

선조 팔년 을해년에 공을 낳았다. 공은 성품이 영특하고 준걸하여 충성과 의로움을 많이 보였다. 일찍이 말 타고 활 쏘는 것과 병서에 통달하였다.

문과에 오른 뒤에 선전관 및 여러 고을 군수를 지나 별장으로 출정했

다가 금나라에 포로가 되었다. 정묘년에 화약이 되어 귀환하였다.

남한산성 공방에 이르러 거짓 왕자를 꾸며 보낸 사건으로 피살되었다. 인조 14년 병자 12월 9일이었다. 향년 62세였다.

뒤에 보국숭록대부 의정부 영의정으로 증직되었다.

명예로운 장례를 치러주었다.

현종이 충신으로 정려문을 세워주었다.

시호는 충숙이라 내려주었다.

부인은 문화유씨로 정경부인으로 증직되었다.

참군벼슬 언의 딸이다. 자좌 오향으로 함께 묻혔다.

오호라 신라왕 박문의 깊은 뿌리여- 먼 후손이 뻗어 번성하는 고령이로다.

자좌 오향의 명당자리여- 다른 사람을 위하여 봉사하고 몸을 받침이로다.

갑좌 경향의 별자리여- 어둠을 지켜주고 새벽을 열어주는 성스러움을 자라게 하도다.

매곡리에 돈실의 용혈자리여- 사군자의 앞선 지도자로다.

나라를 위하여 목숨을 던지는 충성이여- 마음을 다잡은 엄숙한 결단이로다.

충성스럽고 엄숙함의 가장 높음이여- 만고 사상에 둘이 없음이로다.

기려 노래하노니,

자좌 오향의 명당자리는 갑경을 비교했고
이천의 양지바른 땅엔 한 무덤이 크도다.
매곡리의 산소는 굳은 마음이랑 합해졌고
진악 설봉산은 밝은 맥을 이어오도다.

별장으로 금나라의 포로가 되었었고
거짓으로 왕자를 꾸며서 여생을 마쳤도다.
벼슬은 영상으로 증직되었고 시호는 충숙인데
누가 있어 뒤따르리오 끝없는 영광이로다. [전]

그토록 어설프게
싸움을 끝낼 건가

감싸며 아파하니
못 본 척 할 수 없다

나라를 위한 거짓말
무릎쓰고 말했다

욕천 최장호

꾸며서 보낸 왕자
들통나 힘을 뺏고

머나먼 귀양살이
배우며 즐겼더니

앞서니 고을 이름이
살던 이를 알리네

노산당 전향아

앞선이 마을언덕
맑은이 짙은 마음

더 없는 내 목숨을
임금께 바쳤으며

오늘은 선비들 맞아
긴 노래로 풀련다

갑고 홍영표

참 위한 거짓이니
거짓이 참이로다

죽은들 꺾일소냐
옳은 뜻 한길인데

먼먼날 큰집 이은이
우러른다 어진이

안일당 이원희

사나이 인생길에
무서움 뭐있으랴

왕자를 보내라면
꾸며서 보내면 끝

나라를 위한 일인데
내가아님 누가해

설전 임준신

나랏일 풀으려고
옆 나라 나갔다가

꾀한 일 잘못되어
몸 비록 마쳤으나

곧은 뜻 붉게 타올라
길이길이 빛나네

우인 경우수

산 기운 품은 샛별
난초 집 밝혀주고

죽기로 먹은 마음
임금님 지켰다네

흘린 피 잊을 수 없어
화살소리 울린다

가산 임봉훈

나랏임 위한 거짓
그것이 참이로다

저들에 꺾이느니
죽은들 어떠하리

그 옛날 큰집 이은이
새겨보는 오늘날

오남 이종관

鶴蘭齋

안일당 이원희

榴夏利川行土庚 探尋梅谷一墳宏
深林古墓崇貞潔 松柏苔碑介節明
金國戰爭爲捕虜 清王平亂勉餘生
獻身勇將萬秋表 忠肅後孫千世榮

오월 이천 단단한 흙길을 가는데
더듬어 매곡리를 가니 한 무덤이 크도다.
깊은 숲 옛 묘는 숭정으로 깨끗하고
송백의 이끼 낀 비석은 깨끗한 절개로 밝도다.
금나라의 전쟁에서 포로가 되었고
청나라와의 난의 평정에 힘썼도다.
몸 바친 용장으로 만세의 표요
충숙왕의 후손은 천대가 영화롭도다.

鶴蘭齋

가산 임봉훈

臨照南川暮夜庚 護邦龍虎宇齋宏
窘贇紫洞紅門樹 巢鶴幽宮烏石明
和答僞裝王族守 死心現想御臣生
山城事跡追懷顧 忠肅名聲萬載榮

利川에 日月이 上天에서 비추고 夜色은 샛별인데
호국의 龍虎之恣는 큰 그릇, 천하의 재실이로구나.
文武 현인이 群居하는 신선골에 홍살문을 세웠고
鶴山의 보금자리 幽宮에는 烏碑가 빛나고 있구나.
거짓으로 꾸며 화답한 것은 王族 수호를 위함이고
死心하니 생각은 임금 모시는 신하로 태어남이다.
南漢山城의 事跡을 미루어 생각하며 뒤돌아보니
충숙〔朴蘭英〕공의 명성은 만세토록 꽃피우리다.

鶴蘭齋

오남 이종관

仲夏利川過石庚 鶴蘭灼灼古齋宏
福河灘籟頌貞烈 巢鶴嶺風揚義明
爲國戰爭爲捕虜 奉王授命奉餘生
損軀如土一無悔 忠肅裔孫長世榮

여름날 이천의 돌길을 걸어서
학란재는 빛나고 빛나며 옛 재실이 크구나.
복하천 여울소리 공의 정렬을 찬송하여 아름답고
소학산 산바람은 공의 절의를 밝게 찬양하는도다.
나라 위한 전쟁에서 포로가 되고
왕을 받들어 목숨 버려 여생을 받쳤네.
내 한 몸 흙처럼 버려 한 점 후회 없으니
충숙공의 후손 길이 영화 있으리로다.

학란재(鶴蘭齋)에서

세온서른여덟 번째 한가락 모임
때 : 4351(2018)년 6월 16일, 토요일, 맑음
곳 : 학란재 - 경기도 이천시 호법면 매곡리

오늘은 한가락 역사탐방 삼백서른 여덟 번 째 경기도 이천(利川)시 호법면 매곡리 충숙공(忠肅公) 박난영(朴蘭英) 선생의 유적(遺蹟)을 찾아가는 날이다.

10시에 신분당선 승강장에서 만나기로 약속이 되어있어, 강남역 신분당선 승강장 입구 쪽으로 가다 노산당을 만났다. 노산당은 선생님을 모시기에 끔찍할 뿐더러, 한가락 모임이 원활히 운영되는데 지대한 노력을 하고 있으며, 살림살이도 여간 꼼꼼한 게 아니다. 성원이 몇 안 되어 미리부터 문자도 두 번 세 번씩 보내 참석(參席)을 독려(督勵)한다.

승강장에 이르니 설전이 벌써 와 있다. 차츰 다른 회원들도 모이고, 특히 오랜만에 석초 선생님도 함께하여 더욱 좋았다. 갑고 선생님은 미리 와 계셨고, 이어 욕천, 가산, 서정원님 한홍식, 최선규님, 안일당이 도착하여 오늘 참석인원은 선생님을 포함하여 열둘이 되었다.

바로 열차가 도착하여 승차하니, 판교까지는 한 20여분 만에 금방 닿았고, 이어 경강선 승강장으로 내려가니, 여기서도 열차가 금방 이르렀다. 바로 승차하여 목적지로 향했다. 열차가 지하구간을 지나 지상으로 나오니 초여름의 산야(山野)가 더 없이 푸르고, 갓 심은 모들이 살랑살랑 바람에 흔들린다. 열차시간은 정확(正確)하여 한 40여분 달리니 바로 이천역에 닿았다.

버스 정거장으로 이동하니 11시가 조금 넘었는데 한 20여분을 실히 기다

렸는데도 차가 오지 않아 우리는 택시 3대에 분승하여 목적지 매곡리 마을 회관으로 향했다. 요즈음은 전철(電鐵)이 발달하여 어지간한 데는 거의 닿지 않는 곳이 없다. 강남역에서 신분당선을 이용하면 판교를 거쳐 광교로 갈수도 있고 경강선을 이용하여 여주로도 갈수 있다. 앞으로는 아마 원주를 거쳐 강릉까지도 갈수 있을 것이다.

이천은 광주산맥의 연장인 낮은 구릉이 시 전역에 산재(散在)해 있고, 구릉(丘陵) 사이를 남한강의 지류인 복하천, 송곡천, 청미천이 흘러 유역에 소규모 충적평야가 발달해 있으며, 토질이 비옥하고 수리시설이 잘돼 있어 논농사에 좋은 조건을 갖추고 있고, 고려 태조 왕건이 이천의 내, 지금의 복하천을 잘 건너 전쟁에 승리한 것을 가상히 여겨 주역(周易)의 이섭대천(利涉大川)의 첫 글자 이(利)와 끝 글자 천(川)을 따와 '이천(利川)'이라는 명칭을 내려 지금까지 지명으로 사용되고 있다고 한다. 이섭대천(利涉大川)을 직역하면, '내를 건너 이로웠다'는 뜻으로 역(易)의 14번째 괘(卦)로 덕(德)을 쌓고 몸을 기르면 험난한 역경(逆境)을 거쳐 큰 공(公)을 세워 온 천하(天下)가 이롭게 된다는 의미라 한다.

이천(利川)은 동으로 여주(驪州), 서로 용인(龍仁), 남으로 안성(安城), 북으로 광주(廣州)와 접(接)해 있으며, 서울서 가까워 옛 부터 교통이 발달했고, 질 좋은 고령토와 소나무가 많으며, 가마가 많아 도자기가 발달해 있다. 근래(近來)에는 동서(東西)로 영동선이 건설되어 강원도로 가는 여행객들이 많이 이용하며 또한 중부 내륙 고속도로가 경남 창원에서 여주와 이천을 거쳐 경기도 양평으로 닿고 있다. 또한 산업 시설이 발달하여 서울의 인접 도시로서 크게 주목 받는 도시이기도 하다.

택시는 우리를 금방 오늘의 목적지 매곡리 마을회관 앞에 우리를 내려놓았다. 회관 앞에는 문중 분들이 이미 여럿 나와서 우리를 기다리고 있었다. 먼젓번 답사 때는 재실(齋室) 이야기가 없었는데, 오늘 보니 마을 회관 뒤쪽 언덕위에 기와를 올린 아담한 한옥(韓屋)이 단정히 자리 잡고 있으며, 현판(懸板)도 '학란재(鶴蘭齋)'라고 큼직하고 반듯한 해서(楷書)로 멋있게 걸려 있었다.

학란재(鶴蘭齋)는 정면 3칸 측면 2칸으로 겹처마이며, 둘레에는 기와를 얹은 돌담이 네모로 단정히 둘러져있다. 옆에는 소학산과 알미산이 둘러있고, 양지(陽地)여서 초여름 햇살이 따가웠다. 매곡리(梅谷里)는 매작골의 매와 토곡리의 곡자를 따서 붙여진 이름이라 한다.

통상 산소를 먼저 참배(參拜)를 하고 공부를 하는데, 오늘은 형편상 재실(齋室)에 먼저 들리게 되어, 공(公)에 대한 공부를 먼저 하기로 하였다.

우리는 문중의 안내를 받아 재실(齋室)로 들어가 자리를 잡고, 우리모임에 대한 설명을 하고 이어 선생님께서 준비하신 자료를 근거로 공(公)에 대한 공부에 들어갔다. 선생님께서는 근래에 언덕 오르기에 매우 힘겨워 하시는데 연세에 비하면 어쩔 수 없는 노릇이지만, 음성은 지금도 쩌렁쩌렁하여 그나마 고맙다는 생각이 든다.

공(公)은 천품(天稟)이 영준(英俊)하고 충의(忠義)가 출중(出衆)하며 일찍이 기마(騎馬)와 사술(射術), 병서(兵書)에 통달(通達)했으며, 문과후 선전관(宣傳官)을 거쳐 별장(別將)에 이르러 금(金)에 출정(出征)을 갔다가 포로(捕虜)가 되었다가, 9년 만에 정유화약(丁酉和約)후 돌아왔으며, 남한산성(南漢山城) 공방(攻防)에 왕자(王子) 위장(僞裝) 사건(事件)에 연루(連累)되어 생(生)을 마치고 말았다. 후에 숭록대부의정부영의정(崇祿大夫議政府領議政)으로 추증(追贈)되고, 예(禮)로서 장사(葬事)를 치렀으며, 효종(孝宗) 때 충신정려문(忠臣旌閭門)이 내려 세워졌다.

오늘은 문중에서도 박규하 종중 회장님을 비롯하여 박병문 이사님, 박성식 고문님, 박준기 · 박경선 이사님, 박봉하 총무님과 박경덕님이 자리를 함께하여 공부를 할 수 있어서 더욱 의미 있는 자리가 되었다. 자료 끝에 붙이신 찬시(讚詩)와 시조(時調)의 해설(解說)과 창(唱)으로 공부는 끝났다. 시간은 1시가 조금 넘었다.

우리는 자리를 정돈하고 밖으로 나와 재실 앞에서 나란히 서서 기념사진을 찍고 문중에서 준비한 차량으로 거기서 조금 떨어진 공(公)의 묘소(墓所)로 향했다. 초여름 한낮의 햇살은 따가웠다. 묘소는 길에서 가까웠지만, 중관 선생님과 갑고 선생님은 회원들이 부축 해서 겨우 올라 갈수 있었다.

공(公)의 묘소(墓所)는 자료에 나와 있는 대로 자좌오향(子坐午向)으로 정북(正北)에서 정남(正南)쪽을 향(向)해 있었다. 묘소는 말끔히 벌초가 되어 있었으며, 원분(圓墳)에 둘레석이 둘러있고, 앞에는 상석(床石)과 동자석(童子石) 그리고 촛대석이 양쪽에 세워져 있다.

갓을 씌운 검은 돌비석에는 증대광보국숭록대부의정부영의정겸영경연홍문관예문관춘추관관상감사행자헌대부지중추부사시충숙공고령박공난영지묘증정경부인문화류씨합부(贈大匡輔國崇祿大夫議政府領議政兼領經筵弘文館藝文舘春秋館觀象監事行資憲大夫知中樞府事諡忠肅公高靈朴公蘭英之墓贈貞敬夫人文化柳氏合祔)라 반듯하게 새겨져 있다.

우리는 묘소를 둘러보고 묘소 앞에서 배(拜)로서 예(禮)를 올리고, 문중(門中) 종인(宗人)들과 나란히 서서 기념촬영을 하고 하산하여 문중에서 미리 선약 해둔 마장면 덕평리 민속식당 이천 쌀밥집으로 자리를 옮겼다. 식당에서는 미리 예약이 되어 있어 상(床)이 차려져 있었다. 음식은 돌솥밥에 생선구이, 제육볶음, 잡채, 도토리묵, 취나물, 여러 가지라 이루 다 셀 수가 없었다. 시간이 벌써 2시가 넘어 시장기가 돌때다. 거기다 이 고장 쌀 막걸리까지 나와 우리는 맛있는 점심을 먹었다. 문중에서 또 점심까지 제공해주어 우리는 박수로 감사의 마음을 전했다.

후식으로 나온 차를 한 잔씩 마시고 오늘 충숙공의 역사탐방을 마치고 버스로 이천역을 거쳐, 왔던 길을 되돌아 오늘 일정을 마쳤다.

우인 경우수 씀.

학란재(鶴蘭齋)에서

세온서른여덟 번째 한가락 모임
때 : 4351(2018)년 6월 16일, 토요일, 맑음
곳 : 학란재 - 경기도 이천시 호법면 매곡리

우리가 기억해야하는 날들이 많다. 그중 역사 탐방을 가는 날인 오늘 하루도 기억해야 한다. 날이면 날마다 다 忠節이다. 오늘은 그 중의 하나이며 6월 호국보훈의 달이라. 어찌 그냥 지나치는 날이 될 수는 없다. 대한민국의 보훈은 지속적으로 유지. 확산되어야 한다. 그래서 멀리 중국에서 설립된 한국혁명여성동맹을 기억에 남기고 자 한다. 79년전의 1940년 6월 16일 중국 중경에서 김병인, 오건해, 이헌경, 김수현, 이숙진, 윤용자 여사 등은 한국혁명여성동맹을 결성하고 1940년 중경에서 한국독립당이 통합 출범하자 당원으로 활동하였고, 그 산하단체로 출발하여 대한민국임시정부의 독립운동 지원과 교육활동 등에 주력하였던 단체이다. 지난해 제98주년 3·1절을 맞아 나라를 위해 헌신하신 독립유공자를 포상되었다. 善樹美果이란 말처럼 6월은 작은 달걀만한 복숭아가 더운 햇살에 커다랗게 익어가는 달이다. 그리고 오늘 찾아가는 이천시 호법면 매곡리에 있는 公의 묘소도 忠節로 마디마디 맺힌 곳이다. 丙子胡亂 때에 죽음을 무릅쓰고 휴전 교섭 및 和議를 위해 別使로 靑나라 진영에 여러 차례 갔으나 실패하고 慘刑을 당한 忠肅公과 너무도 비슷한 사례들은 오늘 같은 날에도 있다. 110년전의 1909년 6월 16일에 순국하신 中軍 李殷瓚님에게서 또한 찾아볼 수 있다.

中軍 李殷瓚님도 을사조약이 체결되자 홍천에서 의병을 일으켰고 이인영의 중군으로 서울진격한 후 간도에서 군대를 양성할 계획을 세우다 군자

금을 제공하겠다는 밀정의 모략으로 체포되어 일본인 판사의 회유에도 흔들리지 않고 오랜 전통적으로 내려오는 선비의 정신으로 아래의 憂國時調 한수 남기고 뜻을 이루지 못한 33년의 짧은 생애로 순국했다.

一枝李樹作爲船　오얏나무 한 가지로 배를 만들어
慾濟蒼生泊海邊　만백성 건지고자 바다에 띄웠으나
未得寸功身先溺　아무 공도 못 이루고 몸이 먼저 빠지니
誰算東洋樂萬年　누가 동양의 평화를 기약한단 말인가

역사는 반복해서는 아니 되나 유사한 점이 있는 까닭은 왜일까. 비록 나무들에게도 善樹美果과 있고 우리나라에는 善儒美忠이 가는 곳마다 널려 있다. 찾으려하면 쉽게 찾을 수 있다. 그 곳 중의 하나인 梅谷里를 향해 역사탐방길을 오른다. 나라를 위한 순국을 하신 忠肅公을 추모하는 곳이라고 한다.

호국보훈의 달의 6월에 한창 매실열매 붉게 익어가는 계절에 은은히 맡을 수 있는 매향이 멀리 梅谷里에서 불어온다. 여기 분당선인 강남역 10시에 바로 멈춘다. 코끝을 찡하게 자극하는 매화향기가 사람들 속으로 파고들어 넘실거린다. 약속시간 10시가 다가오니 노산당이 오늘 참석하는 중관 선생님을 비롯하여 회원님들 하나하나 챙기신다. 분당선을 출발하여 경강선 이천역을 향해가는 전철을 갈아탄다. 마음은 봄처럼 벌써 와있다. 시간을 단축하면서 달려간 전철은 매화향기에 이끌러 이천역에 바로 멈춘다. 매화향기 홀로 그윽함을 너무도 쉽게 알겠다. 그 넘침 속에 이내 곧 파묻혔다. 마치 죽은 이가 우리를 바로 깨우치며 일으켜 세운다.

호법면 매곡1리 마을회관으로 이동하기 위해 택시 3대를 나누어 타고 간다. 운전사는 바로 알아듣고 매곡리의 더운 열기를 가르며 조심스레 달린다.

마을회관에 도착하니 미리 기다리는 문중어르신이 나와서 가벼운 인사를 나눈다. 그리고 바로 옆에 있는 忠肅公의 廟堂과 忠肅公朴蘭英旌閭이

함께 있다. 그곳을 살펴보고 나서 발걸음을 忠肅公의 묘소로 옮긴다.

돌로 감싼 둥근 원분으로 작은 동자상과 망주석이 한 쌍씩 좌우에 배치되었다. 회원들은 忠肅公의 묘소 앞에 모여 忠節에 대해 다시 한 번 새기듯이 삼가 엄숙히 참배를 드린다. 이 매화골에 진한 매화향기가 맺혀있어 잘 익은 막걸리 한 잔을 마음속으로 두고 떠나온다.

오늘 공부할 곳인 매곡1리 마을회관으로 이동한다. 노산당이 중관선생님이 준비하신 자료를 회원들에게 나누어 주고 忠肅公에 대한 공부를 바로 이어간다.

忠肅公墓는 경기도 이천시 호법면 매곡리에 있다. 公의 諱는 蘭英이며 字는 馨伯이며 高靈 朴氏이다. 조선시대 무관인 別將으로 출전하였으나 金나라 포로가 되어 丁卯和約에 풀려났고 그 후 후금은 국호를 靑이라도 하고 1636년 12월 丙子胡亂이 일으켰을 때 別使로 파견되었다가 볼모로 잡혀 淸軍에 머무르게 되었다.

이때 남한산성으로 쫓겨난 仁祖는 和議하기 위하여 淸의 요구대로 綾峯君 李偁와 沈諿을 王弟와 大臣으로 가장시켜 적진으로 보냈다. 그때 진짜 여부를 忠肅公에게 확인할 때 거짓을 알고서도 죽음을 무릅쓰고 사실이라고 증언하였다. 청나라 조정에서는 忠肅公의 말을 믿으려 했으나 청나라의 앞잡이가 되어 횡포를 부리던 통역관 鄭命壽의해 발각되고 피살되니 병자년 12월 享年 62세였다. 贈 輔國崇祿大夫 議政府領議政이고 忠臣 旌閭門과 謚號는 忠肅이다. 忠肅公은 百尺竿頭의 국가 존망의 위기 상황 아래서 당당히 소리를 내였다. 忠肅公의 기개가 더욱더 찬란한 빛으로 남아 있어 많은 세월이 지나도 꺼침이 없이 줄기차게 뿜어내고 있다.

친일과 밀정의 모략으로 순국한 中軍 李殷瓚님과 청나라의 앞잡이 밀고로 순국한 忠肅公 朴蘭英은 공교롭게도 같은 아픔을 공통적으로 지니고 같다고 볼 수 있다. 어디 정밀한 저울로 재보아도 다름이 없어 같게 보일 것이다. 이런 역사는 반복해서는 아니 되나 지금까지도 친일 후손의 득세로 나라 안이 조용하지가 않다. 언제 다시 제대로 적폐정산이 이루어져야 한다. 오늘 우리의 선비의 정신은 어디로 가고 있는가. 조금 늦더라도 愚公

移山의 마음으로 지침 없이 끊임없이 가다보면 선비의 정신이 널리 매화 향기처럼 봄날을 만들어 갈 것이다. 이곳 梅谷里에서 묻어난 매향은 옷깃에 남아 지우기가 어렵다. 마치 언뜻 스치는 洪濁의 강한 향기처럼 마음을 끌러 당긴다. 독립과 자유와 그리고 평화에는 앞선이의 피의 냄새가 숨어 있어 저절로 된 것이 정말로 없다.

오늘 역사 탐방 길에 우리가 기억해야 할 인물이며 또한 나라를 위해 순국하신 忠肅公에서 또 하나의 발견의 희열을 느낄 수 있다. 2018년 6월 16일도 역사의 중요한 날이다. 역사는 홍어처럼 삭히고 또 삭혀서 꼭꼭 싶어 먹어 되풀이됨을 막아야 한다. 다 잘리고 뽑히고 겨우 남은 몇 조각의 뿌리만 남아도 살아나는 모감주나무와 팥꽃나무처럼 역사는 곧 뿌리다. 그 뿌리의 고향은 선비들이 지닌 정신이라고 볼 수 있다. 이곳을 찾는 역사 탐방꾼들이 많아 왔으면 한다. 그리고 꽃과 잎만 보지 말고 뿌리도 함께 보았으면 한다. 낮은 데에서 음지에서 묵묵히 제 할 일 하는 忠肅公같은 분이 많았으면 한다.

욕천 최장호 씀.

339. 북창공묘(北窓公墓)에서

바라지 노으로 낸
그림자 안 나는 이

오늘을 말해주면
앞날 일 알려주고

가슴이 답답할 때는
서 말 술도 마신다

최중관

▲ 북창공묘

▲ 북창공묘 앞에서

▲ 북창공 유훈비

▲ 북창공 공부를 하며

339. 北窓公墓(북창공묘)

北窓公墓在京畿道楊州市山北洞公諱磏字士潔溫陽鄭
북창공묘재경기도양주시산북동공휘염자사결온양정

氏也高祖諱袍知高城郡事曾祖諱忠基校理祖諱鐸獻納
씨야고조휘포지고성군사증조휘충기교리조휘탁헌납

考諱順朋右議政妣完山李氏鳳陽都正終南女以中宗元
고휘순붕우의정비완산이씨봉양도정종남녀이중종원

年丙寅三月十日甲申生公自幼神異三十二歲進士雅曉
년병인삼월십일갑신생공자유신이삼십이세진사아효

音律尤邃於天文地理卜筮貫通儒佛仙三教方外工夫無
음률우수어천문지리복서관통유불선삼교방외공부무

不歷驗特採藥醫術有能朝廷薦除掌樂院主簿兼觀象監
불역험특채약의술유능조정천제장악원주부겸관상감

惠民署教授出爲抱川縣監未久辭還也一日在山寺山下
혜민서교수출위포천현감미구사환야일일재산사산하

百里內閭巷間所爲飮食起居言語無不通知也又一日作
백리내여항간소위음식기거언어무불통지야우일일작

歌自挽曰一生讀破萬卷書一日飮盡千鍾酒高談伏羲以
가자만왈일생독파만권서일일음진천종주고담복희이

上事俗說從來不掛口顔回三十稱亞聖先生之壽何其久
상사속설종래불괘구안회삼십칭아성선생지수하기구

仍坐化年四十四時明宗四年己酉七月十六日後贈提學
잉좌화년사십사시명종사년기유칠월십육일후증제학

諡章惠也配晉州柳氏學生仁桀女生二男一女也嗚呼銀
시장혜야배진주유씨학생인걸녀생이남일녀야오호은

鬢雲鶴兮震域眞人哉天下風流兮豈無時調哉仙哉讚曰
빈 운 학 혜 진 역 진 인 재 천 하 풍 류 혜 기 무 시 조 재 선 재 찬 왈

小暑山河眞綠青　楊州泉谷一墳靈
소 서 산 하 진 록 청　양 주 천 곡 일 분 령

深林籬木枝枝遜　遺訓碑言句句亭
심 림 리 목 지 지 손　유 훈 비 언 구 구 정

教授縣監終宦路　淸溪冠嶽用醫廳
교 수 현 감 종 환 로　청 계 관 악 용 의 청

天文地理儒仙佛　無不通知史上馨
천 문 지 리 유 선 불　무 불 통 지 사 상 형

339. 북창공묘(北窓公墓)

북창공묘는 경기도 양주시 산북동에 있다.

공의 휘는 염이요 자는 사결이요 온양 정씨이다.

고조의 휘는 포요 고성군사이다.

증조의 휘는 충기요 교리이다.

조의 휘는 탁이요 헌납이다.

고의 휘는 순붕이요 우의정이다.

어머니는 완산 이씨로 봉양도정 종남의 딸이다.

중종원년 병인년 3월 10일 갑신날에 공을 낳았다.

공은 어려서부터 신통하고 달랐으며 32세에 진사에 나가 아주 음률에 밝았고, 더욱 천문지리에 깊었다. 점치는데 능통하여, 유교, 불교, 도교에 관통하였고, 그 밖의 모든 것들도 공부하고 증험하야 모르는 것이 없었다.

특별히 약풀을 캐어 연구하여 의술에도 능통하였다.

조정에서 천거하여 장악원 주부 겸 관상감 혜민서 교수를 하게하였다. 나아가서 포천 현감을 지냈다.

얼마 있다가 사표 내고 돌아왔다.

하루는 산사에 있으면서 산 아래 백리의 거리사이에서 일어나는 음식 만드는 것과 잠자고 일어나는 것까지 통하지 않는 것이 없었다.

또 하루는 스스로의 만가를 지어 놓았으니,

일생에 독서를 책 만권이나 독파하였고
하루에 천 동이의 술을 모두 마셨다.
높은 말이나 옛날 복희씨 이전의 이야기를 했고
일반 세속의 이야기는 하지 않았다.
안회는 30세에 아성이라 칭하였는데
선생의 수는 어찌 그리 오래 되었는가

따라서 앉아서 죽은 나이 44세였다. 때는 명종 4년 기유 7월 16일이었다. 후에 제학으로 증직되었고 시호는 장혜이다.

부인은 진주 유씨로 학생 인걸의 딸이다. 2남 1녀를 두었다.

오호라 은빛수염의 운학이여, 진역 땅의 진인이로다.

천하의 풍류인이여, 아마도 시조는 없을 것이로다. 아- 신선이로다.

기려 노래하노니,

소서의 산하는 참으로 청록색인데
양주 샘골의 한 무덤이 신령스럽도다.
깊은 수풀 나무 울타리는 가지마다 공손하고

유훈으로 남긴 비문 구구절절 우뚝하다.
벼슬은 교수 현감으로 마쳤고
청계와 관악은 의원하는 마루로 썼네.
천문지리와 유불선에 능통하였으니
통하지 않는 것이 없어 역사상의 높은 향기로다. [전]

하늘이 모르는 일
왼일로 익히 알아

하늘 길 열어두고
못 본 척 들락날락

더 이상 누릴 길 없어
나놔주고 가리라

욕천 최장호

하늘 끝 별과 달과
풀잎의 이슬 까지

가슴의 눈을 뜨니
앞일이 훤히 보여

마지막 가는 노랫말
한마디에 다 있네

노산당 전향아

글 솜씨 온갖 재주
넉넉함 갖추었고

오늘을 말해주면
올 일을 밝혀줬네

이따금 답답해지면
서 말 술도 모자라

갑고 홍영표

슬기로 앞일 알아
밝은 터 노쪽이라

아픔도 고쳐주고
앞뒤도 살펴주고

그래도 하 답답해라
한잔 술로 달랜다

안일당 이원희

들꽃이 피고 질 때
두 해씩 건너뛰고

앞일을 말해주니
따르는 사람 많네

백 리에 마을 일까지
훤히 꿰며 다 알아

설전 임준신

눈 밝고 귀 밝아서
앞일을 내다보고

벼슬길 마뜩해도
이웃을 아끼었고

그래도 속 답답할 땐
술그릇도 비웠네

우인 경우수

푸른 산 노래하니
바라지 북쪽일세

유불선 하늘같아
미르 골 지킨다오

남긴 뜻 병 고치리다
오래도록 기리리

가산 임봉훈

훤하게 앞일 알아
노으로 터 잡았다

남다른 슬기로써
아픔도 고쳐주고

귀한 글 하 안타까워
한잔 술로 달랜다

오남 이종관

배우지 않고서도
모름이 없을지고

마음에 힘을 쓰니
온 누리 훤히 펼쳐

한낮에 하늘 오르니
으뜸일새 그대여

서천 조경휘

北窓公墓

안일당 이원희

流夏楊州草木青 探尋山北一墳靈
錄薹舊墓嚴嚴卓 蒼蘚古碑雅雅亭
說話野談登載冊 天文地理用明廳
不無通達神仙哲 章惠英名萬代馨

칠월 양주에는 초목이 푸르른데
산북리를 찾아가니 한 무덤이 신령스럽도다.
푸른 잔디의 옛 묘는 엄엄하게 우뚝하고
푸른 이끼의 옛 비석은 맑고 맑고 높도다.
설화와 야담책에 등재되어 있는 책이요
천문지리를 쓰는 밝은 집이로다.
통달함이 없지 않은 신선이요
장혜공의 꽃다운 이름 만대의 향기로다.

北窓公墓

가산 임봉훈

曠歲山居霄曲青　儒仙佛國北窓靈
墓園秘景楊州特　龍穴深林綠谷亭
遺訓銘碑醫術擧　盡誠德器藥師廳
槿花震史探吟殺　神境偉才永世馨

오랜 세월의 山中삶에서 霄嶺 青山을 노래하는데
儒佛仙 나라의 기록은 북쪽 바라지가 신령스럽다.
아름다운 경치 속 묘원은 양주에서 특별하였고
來龍 다스린 深林은 綠色 계곡에 머물고 있도다.
비석에 새긴 遺訓은 病고치는 재주를 천거함이고
德行과 器局으로 精誠을 다하니 약사 청되리다.
무궁화 꽃 나라 우래 치는 역사를 더듬어 노래하니
神仙世界의 위대한 재주는 永世토록 향기남이다.

北窓公墓

오남 이종관

小暑楊州江樹青 探尋山北古封靈
龍巖遠岫峣峣艷 佛國連峰聳聳亭
縣監微官終宦職 樹虫冽覓用醫廳
天文地理全通達 章惠光名竹帛馨

소서절 양주에 강과 나무는 푸른데
산북리 찾아가니 옛무덤이 신령스럽구나.
용암산 먼 봉우리는 높이 솟아 아름답고
불국산 연봉은 우뚝우뚝 솟았도다.
현감 미직으로 벼슬 그만두고
나무벌레 한강 남산으로 의학을 연구하는 집을 삼았네.
천문 지리 모두 통달하니
장혜공의 아름다운 이름 청사에 향기나는도다.

北窓公墓

서천 조경휘

磵水綠陰淸協靑 楊州氤滯一墳靈
石燈明照將來懿 碑面刻書過去亭
無學通知天下事 練修大悟混元廳
內丹秘訣道家奉 白日飛昇仙佛馨

계곡 물에 녹음은 맑음에 푸르름을 더하는데
양주에 성한 기운 한 무덤이 신령스럽다.
석등의 맑은 비침은 미래의 아름다움이요
비면에 쓰인 글씨는 과거의 높음이라.
배우지 않고도 통하고 알았으니 천하의 일이요
수련하여 크게 깨달으니 우주청의 일이라.
내단 비결은 도가에서 받들고
대낮에 승천하니 선가 불가의 향기라.

북창공묘(北窓公墓)에서

세온서른아홉 번째 한가락 모임
때 : 4351(2018)년 7월 14일, 토요일, 맑음
곳 : 북창공묘 - 경기도 양주시 산북동

오늘은 각자 집에서 출발하여 10시 30분에 양주역에서 모이기로 했다. 전철로 꽤나 먼 거리인 양주역에서 내리니 바로 文光회원님이 앞에 가시고 있다. 함께 한가락회원들이 모인 곳으로 이동한다. 여기서 다시 경기도 양주시 산북동에 있는 北窓公의 墓所를 찾기 위해 신북3동에 있는 샘내두부마을 입구에서 모두 차에서 내렸다. 약200m 거리로 산 옆으로 난 길을 걸어가니 北窓墓를 관리하는 장소가 나온다. 넓은 마당이 있는 집으로 개 짖는 소리와 함께 개가 먼저 반가이 맞아 준다. 문중관리인이 나와 北窓公의 공부할 곳을 안내를 한다. 우선 北窓公의 墓所에 먼저 가서 참배를 드리는 것이 도리라 하여 걸음을 가벼이 옮기기로 한다. 너무도 먼 산길에 있고 날씨가 너무 더워 일부 회원님들은 공부방에 그대로 남기로 한다. 어디서 물이 흐르는 소리가 들리는 황톳길을 따라 가니 저 멀리 개울물이 시원스레 발길을 막는다. 조심스레 개울 건너 조금 지나가니 커다란 北窓鄭磏先生遺訓碑가 나온다. 회원들은 遺訓碑의 앞뒤를 살펴보고 있다. 먼저 발걸음을 옮겨 좀 더 가니 두 갈래의 길이 나온다. 조금 큰길을 먼저 선택하여 올라가니 가도 가도 끝이 없는 것 같다. 北窓公의 墓所로 가는 길은 역시 아니다. 안내표시 조차도 없다. 잘못 든 곳으로 판단하여 다시금 삼거리로 내려와서 좁은 길을 따라 얼마정도 가니 墓所안내판이 나온다. 샘내골의 개울물 소리가 맑게 들린다. 中觀 선생님을 비롯하여 회원님들은 이미 北窓公의 墓에 참배를 마치고 내려오고 있다. 그래도 그냥 갈 수 없어 홀로

산길을 따라간다. 묵은 취나물 잎이 거칠어 가고 있다. 여름 더위에 숨조차 뛴다. 발걸음이 바삐 서둔 내색으로 가다보니 보일까 말까하는 北窓公의 墓에 드디어 이르렀다. 겹겹이 처진 산줄기에 환히 트인 경관 앞에 힘겨운 고비를 막 넘긴 기분으로 새로 숨을 들이마시는 공기의 참맛을 이제야 알 듯하다.

公의 아버지는 右議政을 지낸 省齋 鄭順朋으로 묘소는 公의 무덤 바로 위에 자리를 잡고 있다. 省齋 鄭順朋은 尹元衡 일파 小尹으로 李芑, 林百齡, 許磁 등과 함께 乙巳士禍를 일으켰다.

北窓公의 비석 앞면에 有明朝鮮國北窓先生鄭公諱磏之墓令人晋州柳氏祔左라 새겨있고, 그곳엔 6·25 전쟁 당시의 상흔인지 모르나 총알 자국이 세월과 함께 아물지 않은 상처처럼 그대로 남아 있고, 아프다고 말하는 메아리와 같다. 이 푸른 산에서 애달피 우는 듯이 소리가 저 먼 곳으로 울려 퍼진다. 누구에게라도 뭔가 이야기를 하고픈 마음일까라고 생각이 든다. 누군가 천기를 누설하려고 한다. 잠깐 귀를 기울여 보아라.

이제 하산의 여유를 가지고 천천히 내려가니 길가에 푸른 잣송이가 나뒹굴고 있다. 마치 청설모의 서둚을 보는 것만 같다. 사는데 서둘지 마라. 서둘다가 놓고 가는 삶이 너무도 많다고 누군가의 목소리가 와 닿는 듯하다. 청설모는 碩果不食이라는 말을 모르는 듯하다. 덜 익은 잣송이를 서둘러 따는 이유를 사람이 알지 못한 것인가. 아니 내일을 위해 먹지 않음과 당장이라도 먹어야 하는 청설모의 허기가 먼저인가. 눈앞에 닥친 일을 두고 쉽게 허물어지는 것도 또한 마음이라고 하지만 그건 정말 아니라고 이야기하는 듯하다.

다시금 발길을 막는 개울물에 손을 씻고 한 모금 입술을 적시고 北窓公의 공부방에 내려왔다. 언제나 같이 오늘도 北窓公에 대한 중관선생님이 준비한 자료로 공부를 바로 하기로 한다.

北窓公墓는 경기도 양주시 산북동에 있다. 公의 諱는 磏이며 字는 士潔이고 號는 北窓,淸溪,靑坡 등이 있고 諡號는 章惠으로 溫陽 鄭氏이다.

北窓公이 천문, 지리, 음률, 의약 등 너무나 뛰어나자 인재로 추천 발탁하여 掌樂院, 觀象監, 惠民署 등을 역임하고 포천 현감이 된다. 얼마 안 되어 관직에서 물러나 세속과는 인연을 끊고 경기도 과천의 청계산과 양주 掛蘿里에서 은둔생활을 한다. 신선술을 연마하며 道人의 삶을 살아간다. 또한 한양으로는 머리도 돌리기 싫어 대문과 창문을 모두 북쪽으로만 낸 채 살았다고 한다. 그래서 이때 北窓이라는 別號가 생긴 것이라 한다.

溫城世稿의 遺訓 중에는 "세상에 처함에는 겸손하고 물러남을 힘써서 높은 벼슬에 나가지 말고 몸을 낮춰 살 것이며, 권세 있는 집안과 혼인하지 말라. 때가 和하면 벼슬을 하고 세상이 어지러우면 林野에 물러가 힘써 땅을 갈아 自給하라." 하였다.

중관선생님이 쓰신 시조와 七言律詩를 다시 음미하면서 다함께 이어 부르고 公에 대한 모든 공부를 끝냈다.

조선의 3대 기인이라고 하는 北窓公에 대한 공부를 할 수 있게 너그럽게 장소를 제공한 문중관리인과 인사를 마치고 아쉽게 그곳을 떠났다. 그러나 무더위는 우리 뒤에서 계속 쫓아오고 있다.

오늘은 한여름으로 달려가는 더운 날 중에 하나이다. 다음 주 화요일 17일은 初伏이며 三伏이 시작하는 節氣에 있다. 역시나 더운 날이다.

三伏之間에는 입술에 붙은 밥알도 무겁다며 지친 한가락회원들에게 맛난 보신탕 대신에 복날음식중 하나인 삼계탕으로 하기로 하고 가까운 음식점을 찾아 나선다.

오늘은 특히 又仁 회장이 初伏삼계탕으로 올해의 더위를 이길 수 있게 넉넉히 한턱 내신다. 삼계탕의 따뜻한 기운이 아랫배 속에서 전신으로 펴진다. 더위에 지친 오늘 하루 빠르게 몸이 회복된다. 더위로 흘린 땀방울을 다시 채운다. 걷기에도 힘든 날 한걸음도 무겁던 발걸음도 가벼이 느껴옴을 안다.

이제 각자 집으로 출발하여 公에 대한 사상과 시의 세계를 다져볼 차례에 있다.

요즘 지하철에서는 우측통행하라고 문구가 거스르게 자주 눈에 띤다. 모든 길의 처음은 다 외길로 시작되었다. 좌측통행이든 우측통행이든 사람이 덜 다니는 쪽이 바른 길이라고 본다. 사람들의 자유로운 행동에 나름대로 저항한 매월당 김시습, 토정 이지함과 함께 조선의 3대 奇人인 北窓公은 세속을 벗어나서 어느 쪽으로 걸었을까. 좌측도 아니고 우측도 아닌 저만의 외길을 걸었을 것 같다. 꿋꿋이 쉬지 않고서….

욕천 최장호 씀.

340. 아간공묘(阿干公墓)에서

목숨은 오직 하나
하늘이 주신거다

활 맞은 사슴이라
살리지 아니하랴

모두들 새겨야하리
이곳에 와 가슴에

최중관

▲아간공묘

▲ 아간공묘 앞에서

▲ 아간공 묘역

▲ 아간공 공부를 하며

340. 阿干公墓(아간공묘)

阿干公墓在京畿道利川市夫鉢面山村里孝養山負子之
아 간 공 묘 재 경 기 도 이 천 시 부 발 면 산 촌 리 효 양 산 부 자 지

原公諱神逸東國諸徐之鼻祖也得姓淵源錄曰箕子四十
원 공 휘 신 일 동 국 제 서 지 비 조 야 득 성 연 원 록 왈 기 자 사 십

二代孫箕準避居利川徐河城故其後因姓徐又曰新羅開
이 대 손 기 준 피 거 이 천 서 하 성 고 기 후 인 성 서 우 왈 신 라 개

國功臣徐豆羅之後也公以新羅憲德王九年丁酉生夙成
국 공 신 서 두 라 지 후 야 공 이 신 라 헌 덕 왕 구 년 정 유 생 숙 성

仕羅季至阿干及老年與弟神通退居孝養山下世稱處士
사 라 계 지 아 간 급 노 년 여 제 신 통 퇴 거 효 양 산 하 세 칭 처 사

以教授後學爲己任也七十四歲當喪配無嗣以諸人勸誘
이 교 수 후 학 위 기 임 야 칠 십 사 세 당 상 배 무 사 이 제 인 권 유

娶陜川洪氏諱贊女焉一日公率家僮課春田有鹿帶箭奔
취 합 천 홍 씨 휘 찬 녀 언 일 일 공 솔 가 동 과 춘 전 유 록 대 전 분

投公拔箭傳藥匿之槀席之中終得生也其後孝恭王五年
투 공 발 전 부 약 익 지 고 석 지 중 종 득 생 야 기 후 효 공 왕 오 년

辛酉得一男是諱弼大匡內議令孫諱熙太保內史令曾孫
신 유 득 일 남 시 휘 필 대 광 내 의 령 손 휘 희 태 보 내 사 령 증 손

諱訥三重大匡內史令如此代代顯彰也孝恭王六年壬戌
휘 눌 삼 중 대 광 내 사 령 여 차 대 대 현 창 야 효 공 왕 육 년 임 술

卒享年八十六也嗚呼歌曰麀麚愛恤處士兮雖賤動物命
졸 향 년 팔 십 육 야 오 호 가 왈 우 가 애 휼 처 사 혜 수 천 동 물 명

貴哉阿干兄弟定着兮子孫出象名閥哉本高句麗南川兮
귀 재 아 간 형 제 정 착 혜 자 손 출 상 명 벌 재 본 고 구 려 남 천 혜

高麗太祖今名哉利涉之故爲名兮郡人徐穆導之哉讚曰
고려태조금명재이섭지고위명혜군인서목도지재찬왈

三伏已過熱氣蒸　利川夫鉢一墳兢
삼복이과열기증　이천부발일분긍

來龍南面朝山禮　虎脈西流大野縢
내룡남면조산예　호맥서류대야등

宦路阿干王室佐　老年處士學生膺
환로아간왕실좌　노년처사학생응

如何微物全天命　嚴訓銘心萬世稱
여하미물전천명　엄훈명심만세칭

340. 아간공묘(阿干公墓)

아간공묘는 경기도 이천시 부발면 산촌리 효양산 기슭 북쪽을 등진 언덕에 있다.

공의 휘는 신일이요, 우리나라 모든 서씨의 시조할아버지이다.

득성연원록에 말하기를,

기자조선 42대손 기준이 피하여 이천 서하성에서 살고 있었던 연고로 그 후에 서씨 성이 되었다.

또 말하기를, 신라 개국공신 서두라의 후손이라고도 한다.

공은 신라 헌덕왕 9년 정유년에 태어났다.

일찍이 성장하여 신라 말에 벼슬이 아간에 이르렀다. 노년에 이르러 아우 신통과 더불어 물러나 효양산 아래에 살았다.

세상에서 칭하기를 처사라 했다. 교수로 후학들을 가르치면서 자기의 책임으로 삼았다.

74세에 부인을 잃었다.

후사를 이어갈 아들이 없었으니, 여러 사람들의 권유가 있어서 새로 장가를 들었으니 합천 홍씨 휘 찬의 딸이었다.

하루는 공이 집에 있는 아이들을 이끌고 봄에 밭을 일구는데 허리에 화살 맞은 사슴 한 마리가 달아나다가 공에게 쓰러져 몸을 맡겼다.

공이 화살을 뽑아주고 약을 발라주며 마른풀 속에 숨겨주었다.

마침내 살아났다.

그 후에 효공왕 5년 신유에 아들 하나를 얻었다.

이의 휘는 필이다. 대광내의령을 지냈다. 손자 휘는 희요 태보내사령이다. 증손의 휘는 눌이요 삼중대광 내사령이다.

이와 같이 대대로 드러나 빛났다.

효공왕 6년 임술년에 돌아가시니 향년 86세이다.

오호라 노래해 말하기를,

암사슴과 숫사슴들을 사랑으로 돌보는 처사여 비록 천한 동물이라도 목숨은 귀하도다.

아간의 형제들이 정착함이여 자손들이 출중하여 이름난 문벌이 되었도다.

본 고구려 남천이여 고려 태조가 지금 이름을 주었도다.

이룹게 건넜던 연고로 이름을 일러주었음이여, 이 고을에 살던 서목이 인도하였도다. 기려 노래하노니,

삼복이 이미 지났으나 열기가 뜨거운데
이천 부발엔 한 무덤이 공경스럽구나.
내룡 줄기는 남쪽을 향했는데 산들이 예를 올리고
호맥은 서쪽으로 달려 큰 벌판을 묶었도다.

벼슬은 아간으로 왕실을 도왔고
노년엔 처사로서 학생을 가르쳤도다.
여하간에 미물도 하늘 목숨을 온전히 지켜줘야 하는데
엄한 가르침 마음으로 새기며 만세토록 칭하리로다. 전

오로지 아들 하나
빌고 또 비는 마음

길 잃은 사슴 살려
그 꿈이 풀렸으니

여든에 아버지 되어
큰 인물로 키웠네

노산당 전향아

사냥꾼 화살 맞고
쫒기는 사슴이라

목숨은 오직 하나
마침내 살려줬네

이 뜻을 길이 이어서
오는 뉘에 외친다

갑고 홍영표

사슴이 잡아준 곳
더없이 밝은 터라

늦게야 얻은 아들
재주도 슬기로워

집안을 일구어냈다
자랑스런 어진이

안일당 이원희

하늘이 내려주신
여든에 얻은 아들

활 맞은 사슴 살려
그날 밤 받은 선물

오늘날 배움터 앞에
아이들이 즐겁네

설전 임준신

어찌 한 목숨인들
귀하지 않을 손가

살 맞은 어린짐승
구해준 어진마음

하늘이 복을 내리어
집안 크게 일궜네

우인 경우수

달려간 냇가에서
옛 얘기 듣고 싶네

우리 땅 바다 길은
이어진 요충지요

망이궁 되새겨본다
자리 잡은 기씨도

가산 임봉훈

목숨을 이은 사슴
밝은 터 잡아주니

느지막 슬기로운
이은이 얻었더라

집안이 이어 이어진
자랑스런 어진이

오남 이종관

연꽃이 드받들고
수풀이 보듬듯이

임의 넋 이어가네
그 꿈도 넓어가네

사랑에 싸인 누리는
거듭 거듭 빛나고

서천 조경휘

阿干公墓

안일당 이원희

流火利川熱氣蒸 山村幽谷一墳兢
箭門古墓端忠護 名筆石碑毁節縢
羅末仕官王室佑 老年開塾棟梁膺
善心微物救餘命 賢士慈悲千代稱

칠월 이천에 열기로 찌는데
산촌 깊은 골에 한 묘가 공경스럽도다.
홍살문이 옛 묘의 단충을 지키고
명필의 돌비석은 훼절을 묶었도다.
신라말 관리로 왕실을 도왔고
노년에 글방을 열어 동량을 키웠도다.
착한 마음으로 미물의 여명을 구하였고
어진 선비의 자비는 천대에 일컬어지리로다.

阿干公墓

가산 임봉훈

馳走王川處署蒸 綿綿青史箭思兢
東西海港關門要 南北坤維驛路縢
羅季阿干官爵捨 姓源箕氏夢恩膺
孔夷降福藏書苾 當日徐儒訓範稱

달려간 王建의 利涉川에는 처서 더위가 찌는데
면면히 이어온 靑史 속에 공근한 생각은 화살이다.
동서 해변에 있는 항구는 關門이 요충지가 되고
남북 대지를 유지한 동아줄은 驛路를 묶고 있도다.
신라 말기에 阿干공은 벼슬과 작위를 버렸는데
성씨 淵源의 箕氏一家는 夢言恩德의 명성이로다.
하늘이 내린 큰 복은 숨어있는 글이 향기 피우고
그날의 문벌 徐傑은 訓範이라고 일컫고 있음이다.

阿干公墓

오남 이종관

三伏利川炎署蒸　山村洞里古封兢
龍墳南向案臺揖　虎脈西行洪野縢
青季仕官羅主翼　老年開塾育英膺
及慈微物救殘命　恩惠廣施長世稱

삼복 이천에 더위가 찌는 듯한데
산촌 동리에 옛무덤이 공경스럽구나.
내룡과 묘는 남향하였는데 안산이 읍하고
백호 맥은 서행하는데 넓은 들이 막았구나.
젊을 때 벼슬하여 신라왕을 도왔고
노년에 서당 열어 육영으로 답하였네.
자비로운 마음이 미물에게 미쳐 죽어가는 목숨 구해주고
은혜를 널리 베풀어 길이 칭송받으리로다.

阿干公墓

서천 조경휘

涼月入秋微削蒸 探訪夫鉢一墳兢
白蓮前澤天氤蓄 綠樹背林地氣滕
博愛啓蒙希聖設 忱矜鹿命山神膺
老恩得子孫孫盛 繼代卿衡萬世稱

7월 가을에 드는데 더위는 여전
이천 부발면을 탐방 한 묘가 공경스럽다.
앞에는 연꽃 태양의 기운을 축적 하는 듯
뒷 산림의 나무 땅의 기운을 묶은 듯 울창.
박애와 계몽의 덕 희성당을 설립 교육하고
정성과 안타까움 사슴의 목숨을 구해주니 산신령이 보답
늙어서 얻은 자식 대대로 번창하니
대를 이어 경형을 누리고 만세에 칭찬이로다.

아간공묘(阿干公墓)에서

세온마흔 번째 한가락 모임
때 : 4351(2018)년 8월 18일, 토요일, 맑음
곳 : 아간공묘 - 경기도 이천시 부발면 산촌리

8월 중순 말복이 지나서인가 기승을 부리던 더위가 한 꺼풀 꺾어져 있었다.

한가락 340회 모임이다. 10시에 강남역에서 만나 새로 생긴 신분당선을 갈아타고 판교 하차, 경강선으로 다시 갈아타고 부발역에서 하차하기로 하였다. 강남역에서 경강선 갈아타는 곳으로 가는 길이 넓고 깨끗하여 공항에서 이동하는 느낌이 들어 멀리 여행하는 착각이 들었다.

오늘 방문하는 곳은 전철이 연결되는 곳이라 버스로 이동하는 것 보다는 더 빠르고 정확하게 도착할 수 있으니 모든 일정이 수월하게 이루어 질것이다.

오늘 총 12명이 모였는데, 제일 먼 곳에 사시는 가산 선생이 1등으로 먼저 도착하셨고, 중관 선생님을 비롯하여 갑고, 우인, 설전, 서천, 문광, 초계, 윤석승, 한홍식, 서정원, 그리고 노산당까지 12명인데, 승용차를 이용하려면 딱 3대가 있어야 움직일 수 있는 일인데, 오늘은 문중에서 차를 대기시켜 놓으시기로 하였다.

바로 경강선 열차가 도착하여 모두 승차하여 다 함께 자리를 잡고 앉았는데, 경기도 이천은 작은 도시이지만 역사와 문화가 어우러진 공부할 곳이 아주 많은 곳으로, 가장 크게는 천년 고찰 신륵사와 세종대왕 능이 모셔져 있는 곳이다.

새로 생긴 전철은 세종대왕의 업적을 잘 살려서 전철 안을 문화공간으로

만들어 놓았다. 전철 칸칸마다 공부에 시초가 되어라 가나다라를 새겨놓고 사자성어를 만들어 놓아 눈 구경이 즐거워 그냥 앉아 있을 수가 없었다.

이 칸 저 칸 옮겨 다니며 읽어보다 보니, 지루할 사이도 없이 어느새 목적지에 도착하였다.

오늘 공부할 아간공의 재실이 따로 있지 않아서 준비해 간 자료 공부는, 서희 테마공원 안에 있는 자료 강의실에서 공부하기로 하였으니, 점심을 먼저 먹고 들어가야만 했다.

이천에 왔으니 특별 밥상으로 임금님 밥상을 받아먹어봐야만 오늘의 만족도가 배가 될 것 같은 뻔한 일로 시간을 낭비할 수 없었다.

다행히 이심전심 마음이 전달되었는지 문중에서 이천 쌀밥집으로 안내하여 주셨다.

돌솥에 이천 쌀로 지은 따끈한 밥 한솥에 반찬은 22찬으로 생선과 각종 나물 지짐까지 깔끔하면서도 예쁘게 접시에 담겨져 나와 상다리가 휘어진다는 말이 이래서 생겨난 것인가 보다.

맛은 하나하나 너무나 맛깔스러워 요리하신 주방장님의 정성과 손맛이 딱 맞아떨어지는 정말 제대로 찾아온 밥집인 것 같았다. 맛있게 누룽지까지 물을 부어서 다 먹었다.

이 맛있는 점심은 우리 한가락 회원이신 서정원 회원께서 오늘 공부할 선조님의 후예로서 당연히 본인이 내야한다면서 전부 계산하셨다.

이렇게 잘 차린 밥상이라면 꽤 많은 금액이 나왔을 텐데 가격은 확인해 보지 않았다.

우리는 서정원 회원에게 감사의 박수를 보내면서 공부를 위하여 테마공원으로 이동하였다.

멀지않은 거리에 서희 선생 테마 공원은 말 그대로 공원이라 아주 크고 넓고 깨끗하여, 서희 선생의 일대기를 인형으로 만들어 놓고, 태어난 동기부터 자라면서 공부하는 것과 벼슬에 나아가 과거에 합격하고 정치를 하는 모습까지 일목요연하게 잘 만들어 놓아 아이들의 학습장으로 눈 구경도 하고 배움도 얻어가게끔 잘 꾸며놓아 많은 학생들이 이용하고 있었다.

이렇듯 서희 선생은 우리들이 본보기로 삼아 배워야 할 점들을 너무 많이 가지고 계신 훌륭하신 분이시다.

어버이에 대한 효도와 나라에 대한 충성으로 업적이 한눈에 보일 수 있도록 설명을 곁들여 놓아 누구든지 한 번 다녀가기만 하면 서희선생의 어릴 적 고사리 같던 손짓하며, 갑옷을 입고 칼을 휘두르며 나라를 지키는 큰 손들을 기억할 것이다.

우리가 준비해간 자료도 여기에 알려진 것과 별반 다를 바가 없는 자료였으나 중관선생님의 우렁찬 목소리로 다시 한 번 강의를 들으면서, 서희 선생과 나는 동시대의 사람인양, 서희 선생이 나의 곁에 앉아있는 것 같은 착각을 느끼며 강의를 들었다.

강의를 마치고 시조창으로 마무리를 하면서 울려 퍼지는 소리를 공에게 바치며 오늘 일정이 마무리 되었다.

5시 20분, 다시 오던 길을 돌아 서울 강남역으로 돌아와 다음 달을 약속하며 헤어졌다.

다시 한 번 서정원 선생님께 감사드립니다.

후손 서정원씨의 글을 덧붙인다.

노산당 전향아 씀.

서울 손님을 맞으며

한가락모임 340회 역사의 인물로 이천서씨 시조 서신일(徐神逸)묘소를 찾았다

2018년 8월 18일(土) 아침 전철편으로 이천에 도착하니 이천서씨 대종회 상근부회장 서창한씨가 반갑게 맞는다.

제공한 차편에 일행들 동승하여 신록이 프르름을 뽐내는 들길을 가로질러 효양산 자락에 천년 넘어 잠드신 유택을 찾았다.

때마침 산소 앞 좌우 연밭에는 연꽃이 꽃 봉우리를 활짝 열고 때마침 아간공을 찾아온 우리를 반갑게 맞는다.

푸른 하늘 맑은 바람 볼을 스치고 연꽃들 요염한 몸짓에 일행들은 한껏 부풀어 최권홍 선생님의 말씀에 귀를 기울였다.

참배와 기념사진 촬영 후 예약한 식당으로 이동하여 대접을 하였다.

식후 이천시에서 정부예산으로 건설한 아간공 테마공원을 방문하여 화살 맞은 사슴을 치료하여주고 사냥꾼으로부터 구해낸 이야기를 하나하나 순서대로 만들어놓아 돌아보는 모든 이들에게 생명존중과 측은지심을 심어주었다.

구경을 마친 후 인근 기념관에서 미리 준비한 교재를 바탕으로 약 한 시간 반 동안 열정이 넘치는 아간공에 대한 강의를 듣고나니 마음이 뿌듯하고 자랑스러운 마음이 들었다.

아간공의 손자가 그 유명한 徐熙장군이 아닌가!

나라의 기틀을 바로잡고 중국의 동북공정에 맞서 당당히 주장을 내세울 수 있게 하여준 선열이 자랑스럽다.

서울 양재역근처 외교안보연구원현관 좌측엔 아간공 손자 徐熙 흉상이 의젓하게 자리하곤 지나는 외교관들에게 나를 본받으라 손짓하고 있는듯 하다.

황진이의 흠모를 받은 송도삼걸로 불리운 서경덕(徐慶德), 임진왜란 때에는 함흥 전투에서 공을 세운 서경충(徐敬忠)이 있고, 호조참의 병참지원에 공을 세운 서사적(徐思迪)은 선무원종일등공신에 올랐다. 그리고 이순신과 함께 출전하여 혁혁한 공을 세우고, 수군첨절제사를 지낸 서덕룡(徐德龍) 등도 유명하다.

근현대인물로 독립운동가로 간도에 명동중학교를 세운 서일(徐一)이 유명하다. 그는 3·1운동이 일어나자 의병을 모아 중광단을 조직하였고 김좌진 등과 북로군정서를 설치하여 청산리 싸움을 승리로 이끄는 데 기여했다. 대한독립군단의 총재가 되기도 했으나 흑하사변에서 청년 다수가 희생되자 자결했다. 증손자 서희우(전 만주 할빈 청일국제중학교 교장)가 사단법인 서일기념사업회를 등록 활약 중이다.

현대인물로는 서민호(국회부의장)와 서영훈(대한적십자사 총재, 새천년민주당 대표)이 있으며, 서진수(한국은행 총재), 서영택(국세청장), 재계에서는 서성환(태평양그룹 총수), 서경배(아모레퍼시픽 회장), 서준산(서울식품 회장), 서준호(조해산업 회장), 서정구(대한이화학 사장), 서상록(이천전기 사장)이 있고, 학계에서는 서성우(성균관대 총장), 서경보(동국대 총장), 서봉연(서울대 교수), 서준호(서강대 교수), 서남표(MIT대 교수, 카이스트 총장), 서종범(경북대 교육대학원장), 서우순(복천학원 설립자), 서성길(봉선학원 부천여상고교 설립자), 서덕구(고원진선중학교 설립자), 서기원(숭문중고교 설립자) 등이 있다. 또 체육 연예계에는 서향순(양궁국가대표 올림픽 금메달리스트), 서혜경(피아니스트) 등이 있으며, 최근 서욱(徐旭)이 서희(徐熙)의 뒤를 이어 육군참모총장이 되었다.

시 한 수 읊으며 마친다.

三伏炎天鐵馬兮　利川孝養山下哉
蓮畓喝聲聽娥兮　靈穴幽宅丘稜哉
徐氏始祖千年兮　帶箭鹿入處士哉

機智救命至極兮 慈愛品性天神哉
麗朝世臣光輝兮 徐無逆賊世頌哉

삼복 염천 철마타고
경기 이천 효양산에 도착하니
연꽃 길 안내하는 소리 청아하구나.
신령스런 묘 하나 언덕에
서씨 시조 천년 잠들어있구나.
화살 맞은 사슴 집으로 들어오매
기지로 돌려보내고 지극 간병 목숨 살려내니
자애로운 품성 하늘도 감동하였네.
고려조 줄 이은 높은 관리 업적이 빛나는데
서씨 착한 품성 세인이 칭송하네.

이천서씨29세손 서정원(徐正源) 씀.

341. 무우정지(舞雩亭址)에서

달뜨는 마을이라
다락집 얽어놓고

구슬이 다섯이니
멋쟁이 아니던가

가다가 도둑떼들엔
활솜씨나 보이리

최 중 관

▲무우정지

▲ 무우정지 앞에서

▲ 무우정지 전경

▲ 월촌공 공부를 하며

341. 舞雩亭址(무우정지)

舞雩亭址在京畿道利川市大月面郡梁里李月村公追慕
무 우 정 지 재 경 기 도 이 천 시 대 월 면 군 량 리 이 월 촌 공 추 모

處也公諱聖任字居重全州人高祖諱有康曾祖諱茂昌祖
처 야 공 휘 성 임 자 거 중 전 주 인 고 조 휘 유 강 증 조 휘 무 창 조

諱禹年考諱泂妣高靈朴氏彦女以朝鮮明宗十年乙卯生
휘 우 년 고 휘 형 비 고 령 박 씨 언 녀 이 조 선 명 종 십 년 을 묘 생

公自幼特異泣聲小笑顏多及長挾冊多讀九流六藝無所
공 자 유 특 이 읍 성 소 소 안 다 급 장 협 책 다 독 구 류 육 예 무 소

不通世人謂之五玉先生蓋謂容貌文辭言論歌聲筆翰之
불 통 세 인 위 지 오 옥 선 생 개 위 용 모 문 사 언 론 가 성 필 한 지

才特出之目也宣祖丁丑年二十三歲登科歷翰林應教江
재 특 출 지 목 야 선 조 정 축 년 이 십 삼 세 등 과 역 한 림 응 교 강

原慶尙黃海道監司壬辰年以射藝助力申砬將軍與鄭文
원 경 상 황 해 도 감 사 임 진 년 이 사 예 조 력 신 립 장 군 여 정 문

孚將軍又以書狀官從行聖節使於明也宣祖二十七年甲
부 장 군 우 이 서 장 관 종 행 성 절 사 어 명 야 선 조 이 십 칠 년 갑

午九月十八日卒不惑之年哉贈大匡輔國崇祿大夫議政
오 구 월 십 팔 일 졸 불 혹 지 년 재 증 대 광 보 국 숭 록 대 부 의 정

府領議政也配廣州李氏恪女與夫君同年生以夫君後四
부 영 의 정 야 배 광 주 이 씨 각 녀 여 부 군 동 년 생 이 부 군 후 사

年戊戌四月十九日卒也嗚呼琴瑟友之兮鍾鼓樂之哉今
년 무 술 사 월 십 구 일 졸 야 오 호 금 슬 우 지 혜 종 고 낙 지 재 금

郡梁里兮洋屋一棟哉楣名月村兮自然石碑哉去戊申亂
군 량 리 혜 양 옥 일 동 재 미 명 월 촌 혜 자 연 석 비 재 거 무 신 란

兮舊亭遇害哉復元六角兮昔日戀戀哉舞雩亭福也讚曰
혜 구 정 우 해 재 복 원 육 각 혜 석 일 연 련 재 무 우 정 복 야 찬 왈

名世風流何處尤　利川大月一亭台
명 세 풍 류 하 처 우　이 천 대 월 일 정 구

舞雩楣號古人佛　金氏記文前日慺
무 우 미 호 고 인 불　김 씨 기 문 전 일 루

五玉丈夫男表象　七年外亂國忠矛
오 옥 장 부 남 표 상　칠 년 외 난 국 충 모

少論根址雖當害　六樀雲中昨主瀀
소 론 근 지 수 당 해　육 적 운 중 작 주 우

341. 무우정지(舞雩亭址)

무우정지는 경기도 이천시 대월면 군량리에 있는데 이월촌공을 추모하는 곳이다.

공의 휘는 성임, 자는 거중이요 전주인이다. 고조의 휘는 유강이다. 증조의 휘는 무창이다. 조의 휘는 우년이다, 고의 휘는 형이다. 어머니는 고령 박씨 언의 딸이다.

공은 조선 명종 십년 을묘년에 태어났다.

어려서부터 특이하여 울 때는 작은 소리로 울고, 늘 웃는 얼굴이 많았다. 자람에 이르러 책을 끼고 독서를 많이 했다. 구류와 육예가 통하지 않는바 없었다.

세상 사람들이 이르기를, 오옥선생이라 했다. 대개 빼어난 용모와 글을 말하는 재주와 말을 논하는 언론과 노래하는 가성 글씨 쓰는 재주 등 모두가 특출하여 지목을 받았다.

선조 정축년 23세에 등과하여 한림학사 응교를 지나 강원도, 경상도, 황해도, 감사를 지냈다.

임신년에 활 잘 쏘는 재주로서 신립 장군과 더불어 정문부 장군을 힘써 도왔다.

또 서장관으로서 성절사를 따라 명나라에 수행하였다.

선조 27년 갑오 9월 18일에 돌아가니 불혹의 나이이다. 대광보국숭록대부 의정부 영의정을 추증받았다.

부인은 광주 이씨 각의 딸이다. 부군과 더불어 동년생으로 부군이 돌아가신지 4년 뒤 무술년 4월 9일에 돌아갔다.

오호라 금슬 좋은 벗이여 종과 북의 즐거움이로다.

지금 군량리여 양옥 한 채가 있도다. 간판이름은 월촌이여 자연스런 돌에다 새겼도다.

지난 무신난이여 옛 정자가 해를 만남이로다.. 육각을 복원함이여 옛일을 그리워함이로다. 무우정의 복이로다.

기려 노래하노니,

세상에 이름난 풍류 어느 곳이 더한고
이천 대월면에 한 정자 높구나.
무우란 현판이름 옛사람 닮았고
김씨의 기록한 글 옛날을 공경하누나.
오옥이란 대장부 남자의 표상이요
칠년 외란에는 나라를 지키는 창이었네.
소론의 뿌리터라 비록 해는 당했으나
육모정이 구름 가운데에서 옛 주인을 생각하는도다. 전

하나둘 흐뭇하나
넉넉히 다섯이라

달조차 남부럽다
멋쟁이 맑은 바람

하나둘 모여 춤추니
흠뻑 젖은 빗줄기

욕천 최장호

안개가 춤을 춘다
우는 듯 웃는 듯이

읽었던 책 속에서
찾아낸 무지개 속

세상을 떠도는 삶에
소풍가듯 즐거워

노산당 전향아

큰 달이 뜨는 마을
다락집 임자로다

구슬이 다섯 아닌
여섯의 멋쟁이네

가다가 만난 도둑뗀
활솜씨로 타일러

갑고 홍영표

탁 트인 언덕위에
시원한 다락 얽어

온 재주 풀어내니
구슬이 다섯이라

때때로 달맞이하며
한잔 술로 달랜다

안일당 이원희

한 획을 긋는 재주
남다른 매서운 힘

책속에 다 들었다
매일 밤 읽고 읽어

나라에 이 한 몸 받쳐
굵게 짧게 살았네

설전 임준신

알알이 다섯이라
닦아서 빛이 나고

도적떼 만나서는
화살로 맞섰다만

하늘이 시샘 했는가
누런 마흔 아깝네

우인 경우수

남녘에 숨은 얘기
으뜸들 풀어본다

춤추고 갈고 닦은
옛 모습 찾았다네

집터가 아름답구나
함께하는 샛별아

가산 임봉훈

앞벌이 시원한 터
다락을 얽어놓고

때때로 재주 풀어
구슬이 다섯이라

가슴속 시원해지니
달맞이해 보련다

오남 이종관

태어나 웃음 많고
배움이 넓다하여

사람들 부러워해
부르길 오옥 선생

선비의 길지 않은 삶
돌아볼 이 누군가

서천 조경휘

舞雩亭址

안일당 이원희

名士風流何處尤 利川古邑一亭㕣
陽花波浪月村讚 雪岳爐光居重慺
五玉幹才攻御楯 七年外亂國防矛
詠吟六角舞雩榭 青史麗名千代瀀

명사가 풍류 하던 곳이 어느 곳인지
이천 옛 고을에 한 정자가 높도다.
양화천의 물결은 월촌공을 기리고
설악 산기운은 거중공을 공경하는도다.
다섯 가지 슬기로 공격을 방패로 막고
칠년 외란을 나라를 창으로 지켰도다.
시 읊고 노래하던 육각의 정자인데
청사에 고운이름 천대에 넉넉하도다.

舞雩亭址

가산 임봉훈

秋色風流季節尤 南川黃野穀鄉呇

讀耕寶玉先生秘 歐舞高樓故址慺

助力將軍壬亂士 從行聖使報恩矛

探尋古蹟東天布 共宇明星教訓瀀

遺風과 風雅는 가을 빛 계절이 가장 뛰어나는데
이천 고을의 황금벌은 穀倉의 主産地로 꼽힌다.
글 읽고 밭가는 보배로운 구슬은 先生의 비결인데
노래하고 춤추는 高樓(亭)에 옛 집터가 恭謹하도다.
申砬장군을 조력한 것은 임난 武士로 射藝하였고
聖節使로 따라간 것은 (明)모창으로 보은함이다.
더듬어 찾은 옛 史蹟을 東天학당에서 널리 펴니
공존하는 하늘의 샛별처럼 넉넉한 교훈되리다.

舞雩亭址

오남 이종관

吟詠名賢何處尤 利川梁里一亭台

陽花灘籟讚貞烈 雪岳嶺風歌節悽

五玉良才君主愛 七年倭亂國忠矛

不全天壽可哀惜 崇祿大夫輸贈瀀

명현이 시 짓고 놀던 곳으로 어디메가 두드러졌는고

이천 대월면 양리의 한 정자가 높구나.

양화천 여울소리는 정열을 찬양하고

설성산 산바람은 절의를 노래하여 공경스럽도다.

다섯 가지 아름다운 재주는 군왕이 사랑하였고

칠년 왜란에 창을 잡고 나라에 충성하였도다.

천수를 온전하게 누리지 못한 것이 애석하지만

대광보국 숭록대부의 중직 주시니 성은이 우악함이로다.

舞雩亭址

서천 조경휘

逸士揚名多炯尤 利川有亦一亭厽
埈防六楠舞雩額 低址單碑金氏慺
無所不通流藝涉 有稱指目忠儒矛
才人短命鼓鐘篤 只雁歸飛誰憶湰

빼어난 선비의 이름 날림 빛나고 더욱 빛나
이천에도 그 이름 날린 한 정자가 높다.
높은 언덕에 6각 정자 이름은 무우
낮은 터에 한 비석 김씨의 공경이라.
통하지 않는 것이 없고나 선비의 학문과 기예
이름 날리고 지목 받으니 충성과 선비의 모습.
재주 많은 사람의 단명에 금슬이 두터움이여
하늘엔 단지 돌아가는 무심한 기러기뿐 누가 기억하리오.

무우정지(舞雩亭址)에서

세온마흔한 번째 한가락 모임
때 : 4351(2018)년 9월 29일, 토요일, 맑음
곳 : 무우정지 - 경기도 이천시 대월면 군량리

오늘은 한 가락 역사탐방 삼백마흔한 번째 경기도 이천시 대월면 군량리 이 월촌공(李月村公)의 유적(遺跡)을 찾아가는 날이다. 지난여름 그렇게도 무덥더니만 세월(歲月)은 어쩔 수 없어 며칠 전 추석(秋夕)이 지나고, 이젠 조석(朝夕)으로 서늘한 기운(氣運)이 활동하기에 제법 상쾌하다. 들녘엔 누렇게 낟알이 익어가고 있다. 그런데 올해는 봄에 날씨가 변덕이 심했고 특히 나무가 꽃필 때에는 갑자기 기온(氣溫)이 떨어져, 꽃이 제대로 열매를 맺지 못했으며, 여름엔 또한 가뭄이 심해 채소 값이 비싸 서민들의 주머니 사정을 어렵게 하고 있다.

우리는 강남역 신분당선 승강장에서 10시에 만나기로 되어 있어, 약속시간에 맞춰 나가니 몇몇 회원들은 이미 나와 있고, 회원들이 차츰 모여 승강장으로 내려갔다. 오늘 참석한 분은 선생님을 위시하여 갑고 선생님, 가산, 석초, 문광, 조계, 조서천, 한홍식님, 배교수님, 노산당, 필자를 포함하여 열둘이다. 설전님은 얼마 전 낙상(落傷)을 해서 오늘 참석을 못하신단다. 우리는 강남역에서 신분당선을 타고 판교역에서 내려, 경강선 승강장으로 옮겨 조금 기다리다 여주행(驪州行) 경강선(京江線)을 탔다. 전철(電鐵) 이동시간은 대략 1시간 정도 거리이다.

우린 부발역(夫鉢驛)에서 내려 3대의 택시에 분승(分乘)해서 방아다리 체험장내(內) 무우정(舞雩亭)으로 향했다. 무우정(舞雩亭)의 무우(舞雩)는 논어 선진편(先進篇)에 공자(孔子)가 제자(弟子)들과 둘러앉아 같이 애기할

때, 자로(子路)는, "벼슬자리가 주어진다면, 천승(千乘)의 나라가 대국(大國)들 사이에서 협박(脅迫)을 당(當)하고, 군대(軍隊)의 침략(侵略)을 받고, 기근(饑饉)으로 시달린다면 삼 년 안에 백성들이 용기(勇氣)를 가지고, 또 의로운 길을 가도록 하겠습니다." 하였고, 염유(冉由)는, "사방 육칠십리 또는 오륙십리를 제가 다스린다면 3년 안에 백성을 풍족(豊足)하게 하겠으며, 예악(禮樂)은 군자(君子)를 기다리겠습니다." 하였는데, 증석(曾晳)은 앞의 사람들과 생각이 다르다며, "모춘자 춘복기성 관자오륙인과 동자육칠인 욕호기 풍호무우 영이귀 부자위연탄왈 오여점야(莫春者 春服旣成 冠者五六人 童子六七人 浴乎沂 風乎舞雩 詠而歸 夫子喟然歎曰 吾與點也) 즉 봄에 봄옷이 마련되면 관자(冠者) 5,6인과 동자(童子) 6,7인과 기수(沂水)에서 목욕(沐浴)하고 무우(舞雩)에서 바람 쐬고 노래하며 돌아오겠다."고 하는 말에 공자(孔子)도 감탄(感歎)하며 나 또한 증석(曾晳)과 생각이 같다며 하는 구절(句節)의 무우(舞雩)에서 연유(緣由)하였다.

부발역(夫鉢驛)에서 이천 SK하이닉스를 지나 영동선 고속도로 밑을 통과해 나아가다 오른쪽으로 돌아들어가 나가다보니, 월촌재(月村齋)라는 건물(建物)과 비석(碑石)이 세워져 있는데, 이 고장 출신 김병일(金炳逸)이라는 분이 이 고장 출신 명현(名賢)들의 정신(精神)을 기리고 이어가기 위하여 1981년 4월에 복원(復元)한 것으로, 지금은 노인정(老人亭)으로 사용하고 있었다.

월촌재(月村齋)를 지나 왼쪽으로 돌아 조금 나아가면 방아다리 체험관이 나오는데 무우정(舞雩亭)은 체험관내 약간 높은 지대에 육각의 돌기둥 위에 육각의 다락형으로 단청이 곱게 되어 있고, 무우정(舞雩亭)이라 멋지게 쓴 현판(懸板)이 걸려있었다. 우리는 다락을 둘러보고 기념사진을 찍고 오늘 자료를 공부할 엄마손 식당으로 자리를 옮겼다.

오늘의 탐방은 지난번 미리 답사(踏査)를 했지만 월촌공(月村公)의 선고(先考)는 그 지역(地域)의 개발(開發)로 유택(幽宅)이 충남(忠南) 논산(論山)으로 이장(移葬)해 갔고, 그 분의 묘소(墓所)는 문중(門中)의 안내(案內)를 받지 못해 묘소를 보지 못하고 문중 분을 만나지 못한 점이 조금 아쉽다.

그리하여 그분의 자취가 남아 있는 여기 무우정(舞雩亭) 터를 찾아가게 된 것이다.

월촌공(月村公)은 특이하게도 어려서부터 우는 소리는 작고 자주 웃는 얼굴이었으며 자라면서 책(冊)을 많이 읽어 구류(九流)와 육예(六藝)에 두루 통(通)했으니, 때의 사람들이 오옥(五玉) 선생이라 칭(稱)하였으니, 대개 용모(容貌) 문사(文辭) 언론(言論) 가성(歌聲) 필한(筆翰)의 재주가 뛰어났기 때문이었다. 선조 23년 을축(乙丑)년에 등과(登科)하여 한림응교(翰林應敎), 강원(江原), 경상(慶尙), 황해도(黃海道) 감사(監査)를 지나 임진(壬辰)년에 활로서 신립(申立)과 정문부(鄭文孚) 장군(將軍)을 도왔으며, 성절사(聖節使)로 명(明)에 다녀왔으며, 선조(宣祖) 27년 갑오(甲午)년에 돌아가니 향년(享年)이 애석(哀惜)하게도 겨우 마흔이었다.

우리는 선생님께서 자료 끝에 붙이신 찬시(讚詩)와 시조(時調)의 해석(解釋)과 풀이를 듣고 공부는 마쳤다. 그리고 이어서 이 집에서 준비한 밑반찬과 생선구이 백반(白飯)으로 맛있는 점심을 먹고, 더불어 이 고장의 명주(名酒) 앉은뱅이 술도 한잔씩 곁들였다.

점심이 끝나니 옆에 있던 손님들도 식사가 끝나 자리를 뜨고 우리만 남게 되어 우리는 선생님께서 지으신 시조(時調)와 찬시(讚詩)를 창(唱)하고 공부를 마쳤다. 창(唱)이 끝나고 선생님께서는 내년이면 우리 한가락이 모임을 시작한지 스물아홉 해가 되는데 모두들 참여한 시기는 다르지만 여기에 참여하며 그간에 겪었던 이야기라든지 소회(所懷)가 있을 테니 다음번 책을 발간하기 전에 책에 실을 수 있게 적어 내기를 독려(督勵) 하셨다.

창(唱)이 끝나고 우리는 자리 정돈을 하고 식당 건너편의 버스 정거장으로 옮겨 버스를 타고 오전에 내렸던 부발역(夫鉢驛)으로 이동하여 전철을 이용하여 왔던 길을 되돌아 서울로 향해 오늘 일정을 마쳤다.

우인 경우수 씀.

342. 육괴정(六槐亭)에서

우리들 여섯 사람
마음을 다짐하며

심어본 느티나무
잘 자란 하나하나

깨끗이 아들 아들로
가꿔가라 이르리

최중관

▲ 육괴정

▲ 남당공묘 앞에서

▲ 남당공묘

▲ 남당공 공부를 하며

342. 六槐亭(육괴정)

六槐亭在京畿道利川市栢沙面道立里嚴南塘公追慕處
육 괴 정 재 경 기 도 이 천 시 백 사 면 도 립 리 엄 남 당 공 추 모 처

也公諱用順字孝仲寧越人祖諱山壽司直甲子士禍被害
야 공 휘 용 순 자 효 중 영 월 인 조 휘 산 수 사 직 갑 자 사 화 피 해

考諱訓繕工監奉事甲子士禍避利川妣仁同張氏以生公
고 휘 훈 선 공 감 봉 사 갑 자 사 화 피 이 천 비 인 동 장 씨 이 생 공

自幼穎異中宗朝司馬試己卯士禍後不屑仕路養親至孝
자 유 영 이 중 종 조 사 마 시 기 묘 사 화 후 불 설 사 로 양 친 지 효

書琴自娛以講明斯道爲己任大歸故鄕築亭鑿池植六槐
서 금 자 오 이 강 명 사 도 위 기 임 대 귀 고 향 축 정 착 지 식 육 괴

自號南塘日日吸塘中荷香吟亭中清風也當時與巨儒慕
자 호 남 당 일 일 흡 당 중 하 향 음 정 중 청 풍 야 당 시 여 거 유 모

齋金安國蔡亭姜隱溪山吳慶漁隱任鼐臣斗文成聃齡吟
재 김 안 국 채 정 강 은 계 산 오 경 어 은 임 내 신 두 문 성 담 령 음

風弄月學文講論之處也故世稱六槐六賢也配安東權氏
풍 농 월 학 문 강 론 지 처 야 고 세 칭 육 괴 육 현 야 배 안 동 권 씨

縣監景祚女墓利川外發我孫酉坐合窆也壬亂時殉節忠
현 감 경 조 녀 묘 이 천 외 발 아 손 유 좌 합 폄 야 임 난 시 순 절 충

臣嚴惟尹旌門推奉於亭內審南塘公孫也此亭至今以鄕
신 엄 유 윤 정 문 추 봉 어 정 내 슥 남 당 공 손 야 차 정 지 금 이 향

土遺跡第十三號指定也嗚呼六賢新進士類兮己卯士禍
토 유 적 제 십 삼 호 지 정 야 오 호 육 현 신 진 사 류 혜 기 묘 사 화

隱遯哉記念植樹六槐兮以義結友傳意哉時調一首無傳
은 둔 재 기 념 식 수 육 괴 혜 이 의 결 우 전 의 재 시 조 일 수 무 전

兮當時六名倘嗄哉愛惜也六槐之情兮世世綿綿哉讚曰
혜 당 시 육 명 당 애 재 애 석 야 육 괴 지 정 혜 세 세 면 면 재 찬 왈

寒露山河楓色侵　利川幽谷一亭嶔
한 로 산 하 풍 색 침　이 천 유 곡 일 정 금

槐名楣號持高潔　忠表旌門抱貴琳
괴 명 미 호 지 고 결　충 표 정 문 포 귀 림

士禍落鄉遐宦路　講論古典樂儒任
사 화 낙 향 하 환 로　강 론 고 전 낙 유 임

六人後裔承先業　萬世遺傳眞價琛
육 인 후 예 승 선 업　만 세 유 전 진 가 침

342. 육괴정(六槐亭)

육괴정은 경기도 이천시 백사면 도립리에 있다.

엄남당공을 추모하는 곳이다.

공의 휘는 용순, 자는 효중, 영월인이다.

조의 휘는 산수요 사직이다. 갑자 사화에 피해를 입었다.

고의 휘는 훈이요 선공감봉사이다. 갑자사화를 피해 이천으로 왔다.

어머니는 인동 장씨로 공을 낳았다.

공은 어려서부터 영특하여 중종조에 사마시에 올랐으나 기묘사화 후에 벼슬길을 깨끗이 생각하지 않았고 부모님을 모시는 데에 지극한 효도를 다하였다.

독서와 거문고로 스스로 즐기면서 도를 강의 밝히면서 자기의 책임으로 삼았다.

고향으로 돌아가서 정자를 짓고 연못을 만들어 여섯 그루의 괴화나

무를 심고 스스로 호를 지어 남당이라 불렀다.

날마다 연못 가운데의 연꽃 향을 맡으면서 정자 가운데에 앉아 맑은 바람을 읊으면서 보냈다.

당시에 큰 선비 모재 김안국과 채정 강은과 계산 오경과 어은 임내신과 두문 성담령과 바람을 읊고 달을 희롱하며, 학문을 강론하는 곳이 되었다. 고로 세상에서 칭하기를 여섯 어진이라 하였다.

부인은 안동 권씨로 현감 경조의 딸이다. 묘는 이천 밖 발아손 유좌에 합장하였다.

임진란 때에 순절한 충신 엄유윤의 정문을 정자 안에 추봉하였다.

즉 남당공의 손자이다.

이 정자는 지금 향토유적지 제13호로 지정되었다.

오호라 여섯 어진 이는 신진사류혜여 기묘사화에 도망 와서 숨어 살았도다.

기념 식수로 괴화나무 여섯 그루를 심었음이여 의로 벗을 맺어서 뜻을 전함이로다.

시조 한 수가 전하여지지 않음이여 당시에 아마 여섯 명이 모두 목이 메였던 것이로다.

여섯 그루 괴화나무 정이여 세세토록 이어질 것이로다.

기려 노래하노니,

한로의 산하에 단풍이 침범하였고
이천 골짜기엔 한 정자가 높고 높구나.
괴화나무로 이름을 달아놓고 높고 깨끗함을 지켜오니
충성을 표하는 정려문이 귀한 옥을 껴안았도다.
사화로 낙향하여 벼슬길을 멀리하고

고전을 강론하며 즐거이 선비의 책임으로 삼았도다.
여섯 사람 후손들이 선업을 이어가고 있으니
만세토록 전함이여 참으로 값진 보배로다. 전

다 같은 우리 여섯
큰 내를 바로 건너

잘 가꾼 느티나무
내일을 담아낸다

봄마다 피는 노랑이
그냥 절로 피는가

욕천 최장호

연못에 나무심고
다짐한 여섯 벗들

글소리 높아지니
마을이 즐겁도다

붓 돌려 이어진 노래
괴하나무 그늘져

노산당 전향아

그 옛날 여기모여
다짐한 여섯 사람

심어 논 느티나무
저마다 몸을 불려

의젓이 자란 모습에
한결함을 자랑해

갑고 홍영표

여섯의 느티 심고
다락을 얽어놓아

뜻 맞은 배움터로
글 읽고 노래하며

올곧은 바른 어진이
뒤따르는 아들들

안일당 이원희

여섯 벗 여섯 그루
맑은 향 그윽하다

시 한 수 읊어보고
웃음꽃 피우면서

달처럼 바람처럼만
살다가자 했었지

설전 임준신

일보니 글렀구나
속 맞는 여섯 선비

숨어든 고을이라
심으신 여섯 느티

오늘은 그 아들들이
그 뜻이어 가누나

우인 경우수

홰나무 여섯 그루
인걸을 자랑한다

숨어산 어진이들
그 아들 따라하네

깊은 골 사연도 많아
잊으리오 꿈엔들

가산 임봉훈

여섯의 어진이들
느티를 심어놓고

다락을 얽어놓아
글 읊고 거문고 타

한마음 한뜻대로들
이어가는 아들들

오남 이종관

옛 마을 여섯 선비
내린지 얼마인가

저 나무 알겠구나
의젓한 느티나무

오늘도 이어지는 얼
끊임없이 이으리

서천 조경휘

六槐亭

안일당 이원희

詠月利川寒氣侵 栢沙道立一亭嶔
六槐榭屋棟梁健 楣板柱聯名筆琳
士禍歸鄕琴酒悅 講論古典樂吾任
綿綿後裔繼承業 青史遺傳永久琛

구월 이천에 한기가 드는데
백사면 도립리에 한 정자가 높도다.
육괴정 기둥과 석가래가 튼튼하고
현판과 주련에는 명필이 옥이로다.
사화로 귀향하니 거문고와 술이 기쁨이요
고전 강론으로 맡은 일을 즐기도다.
후손들 이어 이어 가는 일이요
청사에 전하여 남김이 영구히 보배로다.

六槐亭

가산 임봉훈

楓菊山河響曲侵 利川傑跡六槐嶔
筆耕士禍南塘遁 文武賢臣北斗琳
悲戀落鄉傳說愛 講筵幽巷碩儒任
亭榭弄月閑吟殺 承奉夷愉樹勢琛

丹楓국화의 山河는 노래가 울리고 侵尋하는데
이천의 傑跡을 존경하니 六賢槐木이 우뚝하여라.
士禍로 붓을 갈고 있는 남쪽 못에서 遁世하건만
문무 德의 어진 신하는 玉소리 부딪는 인물이로다.
그리워하고 슬퍼하던 落鄕을 전설처럼 아끼고
강연 자리 깊숙한 길거리는 碩儒들의 보따리로다.
달을 희롱하고 한가롭게 詩를 읊는 展望臺 정자는
승봉하고 夷悅하니 자라는 나무 氣勢가 보배로다.

六槐亭

오남 이종관

寒露利川寒氣侵 栢沙道立榭宇嶔
六槐亭裡六賢艶 忠殉旌中忠節琳
投紱歸鄉詩酒樂 論今尚古悅吾任
雲仍繼繼承先業 赫赫斯名萬世琛

한로절 이천에 한기는 침노했고
백사면 도립리에 옛 정자가 높구나.
육괴정리에 육현은 아름답고
충순 정문 안에 충절은 곱도다.
벼슬 버리고 귀향하여 시주를 즐기며
이제를 논하고 옛일 상고하여 내 소임을 즐기는도다.
후손이 이어이어 조상의 업을 이으니
혁혁한 그 이름 만세의 보배이로세.

六槐亭

서천 조경휘

楓色漸華涼氣侵 利川村落一亭嶔
栽槐賢義樹澄稟 賜表臣忠垂扁琳
士禍歸鄕詩講樂 倭讎殉節回平任
吸吟相結和宜篤 後裔繼傳萬世琛

단풍 빛깔은 점점 빛나고 서늘한 기운 젖어드는데
이천 마을에 한 정자가 높이 솟았구나.
느티나무 심은 현자의 뜻 우뚝 솟은 나무의 기품
내려준 사표의 신하 충성 걸린 편액의 옥돌이요.
사화에 귀향하여 시와 강론으로 즐기고
왜놈 원수에 순절하여 평온을 회복하는 책임이라.
숨 쉬고 읊조리며 서로 결합하여 화목하고 떳떳함이 돈독하여
자손에게도 계속 이어지니 만세에 보배라.

육괴정(六槐亭)에서

세온마흔두 번째 한가락 모임
때 : 4351(2018)년 10월 13일, 토요일, 맑음
곳 : 육괴정 - 경기도 이천시 백사면 도립리

오늘도 역시 맑은 10월 13일, 어떤 날이나 역사적이지 않은 날은 없으나 특히 주목해 볼 날도 있을 것이다. 오늘과 같은 날, 10월 13일에 우리나라에서는 1919년 3.1일 운동이 일어난 그해 10월 대한민국임시정부를 지원하기 위해 여성단체인 '상해 대한애국부인회'가 만들어진 날이기도 하다. 또한 멀리 지구 반대편에 있는 핀란드에서는 2010년부터 매년 10월 13일에 실패를 기념하는 '실패의 날' 행사가 열린다. "성공은 여러 실패의 경험들이 모여서 이뤄진 것이라는 걸 깨닫게 됐다" 하여 실패를 했다는 것은 곧 무엇인가 시도를 했다는 것을 뜻하며 아린 쓴맛을 본 사람만이 향긋한 참맛, 단묵 같은 단맛을 찾아 달려가는 진정한 사람들이라고 한다. 그리고 실패의 원인을 다른 사람들과 공유하면서 성장할 수 있음에 만족한다. 오늘 갈 곳인 그 곳은 1519년 중종 14년 南袞, 洪景舟 등의 勳舊勢力에 의해 趙光祖 등의 新進士類들이 숙청되어 크게 몰락 후 己卯士禍를 피해 낙향한 南塘公 嚴用順이 세운 六槐亭을 찾아가는 날이다. 달리 말하면 학문을 강론하며 우의를 다지며 함께한 6명의 선비들이 다시 재기를 위한 시도라고 보이며 그 뜻이 넘쳐흐르고 있다. 이에 잠들고 있는 시선을 그 곳으로 옮기며 찾아 배우러 간다. 나라의 독립이든지 개인적 바람에 대한 도전이든 다 가치가 있을 따름이다. 무엇이든 구하면 얻게 되리라는 평범한 말속에 늘 가까운 이웃에 길이 놓여 있기 마련이다.

경기도 이천시 백사면 도립리를 가기 위해 약속시간 10시 전에 모인 회

원님들은 분당선인 강남역에 벌써 와있다. 10여분 정도 더 있으니 모두와 탑승할 신분당선을 기다린다.

경강선 신둔도예촌역에 당도하니 문중에서 미리 준비한 자가용에 서너 명씩 나눠 타고 六槐亭으로 향한다. 南塘公系 엄기상 회장님, 엄기태 총무님을 비롯하여 여럿 문중사람들이 우리 한가락회원들은 환하게 맞이한다. 세월이 흘러도 槐亭六賢의 커다란 뜻이 약 500여년이 넘은 느티나무들과 함께 남아 아직도 후세의 그늘막이 되어주고 있다. 봄에는 산수유마을로 이어지는 산수유꽃길을 따라가면 利涉大川의 의미를 더욱 싱그럽고 평화스럽게 한낮을 맞이하게 한다. 또한 젊은 연인길이라고 하고 잘 가꾼 쉼의 산책길에 많은 사람들이 즐겨 찾는다. 六槐亭의 10월 가을 초입에 찾아와 보니 느티나무의 잎사귀는 봄부터 햇살을 흠뻑 받아 무겁게 땅을 향한 중력의 무게추로 흔들고 있다. 무거움과 가벼움이 함께 공존하는 곳이라고 볼 수 있다. 六槐亭에 대해 문중에서 살아 넘쳐나는 설명과 함께 주변을 둘러보고서 다시 작은 도로를 지나 산으로 이어지는 황톳길을 따라서 문중에서 준비한 자가용으로 南塘公의 묘소까지 이동하였다. 작은 산 능선에 올라오니 고려식 무덤인 방분들이 여럿 모여 있다. 회원들은 南塘公의 묘소에 아주 공손히 참배를 마치고 주변을 살펴본다. 저 건너 산에도 寧越嚴氏의 무덤은 모두 네모무덤으로 이루어져 있다. 당시 조선시대임에도 특별히 고구려와 고려의 方墳을 지속적으로 지켜온 이유는 寧越 嚴氏의 집안만 알 것이다. 이 또한 과잉 호기심만 유발시킨다.

점심시간을 한참 넘긴 후 六槐亭의 근처에 있는 두메산골 식당으로 이동하였다. 역시 시골밥상처럼 밑반찬이 깔끔이 준비된 해물두부전골 등과 선비의 음료인 막걸리가 마련되었다. 밥 한 공기를 다 비우고 다시 밥맛이 땡기는 마음이나 이제 南塘公에 대한 공부할 시간이 다되어간다.

이제 14시가 되니 중관선생님이 준비하신 자료를 노산당이 회원들과 문중어르신에게 각각 나누어 주시고 이내 公에 대한 공부를 바로 이어간다.

경기도 이천시 백사면 도립리에 있는 六槐亭은 南塘公을 추모하는 곳이다. 南塘公은 己卯士禍이후에 이곳 고향으로 낙향한 후 六槐亭을 세우고 연못을 파고 그 주위에 南塘公을 비롯한 慕齋 金安國, 葵亭 姜隱, 溪山 吳慶, 漁隱 任肅臣, 斗文 成聃齡 등 6명의 선비가 우의를 다지기 위해 정자 주변에 각각 한 그루씩 심었다. 그리고 이곳을 찾아 온 선비들과 함께 시를 짓기도 하고 학문을 강론하기도 하였다.

六槐亭 안에는 엄용순의 孫으로 임진왜란 때 순절한 嚴惟尹의 충신정문을 비롯하여 「南塘嚴先生六槐亭序」, 「六槐亭重修記」 등의 현액이 걸려 있다. 그 당당함이 세월을 타고서 넘치도록 자랑하고 있다.

끝으로 七言律詩를 쓰실 분은 선생님의 讚詩의 次韻을 활용하여 쓰시라고 하시며 公의 초심이 있는 마음을 담아 시조를 완성하시라고 하니 시계는 15시 20분을 알린다.

문중에서 준비한 자가용차로 한가락회원을 경강선 신둔도예촌역까지 안전하게 모신다. 조상을 우러러봄이 또다시 넘침이 느낄 수 있다.

다 같지 않는 날 10월 13일이라도 같은 날에는 같은 의미의 날과 결로 겹겹이 아우로고 있다. 오늘을 '실패의 날'로 기념 하는 나라처럼 그 당시 모두 다 물러남을 실패라고 생각할 수 있으나 南塘公은 낙향한 후에도 六槐亭을 세우고 다시 선비를 모와서 학문을 이어나감에 재기를 시도함이라고 볼 수 있다. 3월 1일 운동의 시작으로 10월 13일에 여성들의 단체결성이 가능한 것도 같은 맥락으로 볼 수 있다. 역사는 실패를 먹고서 기운을 내어 한걸음씩 나아간다. 그리고 끊을 수 없는 그들만의 역사를 일군다. 아마도 500년 전 이곳에 모였던 槐亭六賢들도 하나의 역사적인 울림을 만들고 오늘 10월 13일에 그 역사적인 흔적에 우리는 응답하고 있는 것이다. 지금도 槐亭六賢의 후손들은 이를 기념을 위해 매년 지속적으로 만남을 유지하여 끈끈한 관계를 결속해 간다. 마치 굽은 멸치와 등이 휜 새우를 먹지 않는 선비처럼 올곧은 정신이 끊임없이 전통으로 이어가기를 마음을 담아 빈다.

그리고 雪筌회원께서 10월 20일 3시에 인사동 갤러리 아리수에서 그림전이 열린다고 한다. 많은 참석 부탁하신다. 역시 내공이 있는 그림을 볼 수 있을 것으로 보인다.

욕천 최장호 씀.

343. 진산공묘(珍山公墓)에서

골내근 어디더냐
참사람 찾아보자

생각을 남다르게
살아온 쉰 해로다

그 뒤는 아흔 해까지
집에서도 도왔네

최중관

▲ 진산공 내외분 묘

▲ 진산공묘 앞에서

▲ 봉화공파 재실

▲ 진산공 공부를 하며

343. 珍山公墓(진산공묘)

珍山公墓在京畿道驪州市興川面上白里公諱綿字致遠
진 산 공 묘 재 경 기 도 여 주 시 흥 천 면 상 백 리 공 휘 면 자 치 원

淸州慶氏也五代祖諱復興高麗末門下侍中淸原府院君
청 주 경 씨 야 오 대 조 휘 복 흥 고 려 말 문 하 시 중 청 원 부 원 군

高祖諱儀西北面兵馬都節制使兼平壤尹曾祖諱習保義
고 조 휘 의 서 북 면 병 마 도 절 제 사 겸 평 양 윤 증 조 휘 습 보 의

將軍龍驤巡衛司大將軍兼司憲中丞祖諱餘贈嘉善大夫
장 군 용 양 순 위 사 대 장 군 겸 사 헌 중 승 조 휘 여 증 가 선 대 부

兵曹參判考諱由亨通訓大夫朔寧郡守妣淸州楊氏嘉靖
병 조 참 판 고 휘 유 형 통 훈 대 부 삭 령 군 수 비 청 주 양 씨 가 정

大夫同知敦寧府事厚女以生公自幼出衆恒挾史書交年
대 부 동 지 돈 령 부 사 후 녀 이 생 공 자 유 출 중 항 협 사 서 교 연

長者早中武科以能射御屬內禁衛後出守龍川郡吏民懷
장 자 조 중 무 과 이 능 사 어 속 내 금 위 후 출 수 용 천 군 리 민 회

畏政可觀也及考滿還父老攀轅流涕又珍山郡守時方將
외 정 가 관 야 급 고 만 환 부 로 반 원 류 체 우 진 산 군 수 시 방 장

施惠忽不祿哉性孝事親常務安其心居家不治産業卒年
시 혜 홀 불 록 재 성 효 사 친 상 무 안 기 심 거 가 불 치 산 업 졸 년

五十也配丹陽張氏自仁女生於世宗二十五年癸亥卒於
오 십 야 배 단 양 장 씨 자 인 녀 생 어 세 종 이 십 오 년 계 해 졸 어

中宗二十七年壬辰九月二十二日享年九十也嗚呼前朝
중 종 이 십 칠 년 임 진 구 월 이 십 이 일 향 년 구 십 야 명 호 전 조

門閥矜持兮新朝遠宦樂書哉但於擧業崇武兮國防先於
문 벌 긍 지 혜 신 조 원 환 락 서 재 단 어 거 업 숭 무 혜 국 방 선 어

內治哉自一至十皆授兮不望善答珍山哉眞珍山也讚曰
내 치 재 자 일 지 십 개 수 혜 불 망 선 답 진 산 재 진 진 산 야 찬 왈

戊戌立冬搜暖覃　驪州深谷一墳譚
무 술 입 동 수 난 담　여 주 심 곡 일 분 담

雙封坐向懷鄉戀　兩代直孫階下闇
쌍 봉 좌 향 회 향 련　양 대 직 손 계 하 암

暫許宦情輕不祿　平生信操重無慚
잠 허 환 정 경 불 록　평 생 신 조 중 무 참

眞人達士居何處　骨乃斤來大響谽
진 인 달 사 거 하 처　골 내 근 래 대 향 함

343. 진산공묘(珍山公墓)

진산공묘는 경기도 여주시 흥천면 상백리에 있다.

공의 휘는 면이요 자는 치원이다. 청주 경씨이다.

5대 조의 휘는 복흥이요 고려말 문하시중이며 청원부원군이다.

고조의 휘는 의요 서북면 병마도절제사 겸 평양윤이다.

증조의 휘는 습이요 보의장군 용양순휘사 대장군 겸 사헌중승이다

조의 휘는 여요 가선대부 병조참판을 증직받았다.

고의 휘는 유형요 통훈대부 삭령군수이다.

어머니는 청주양씨 가정대부 동지돈령부사 후의 딸이다.

공을 낳았으니 어려서부터 출중하여 항상 역사책을 옆에 끼고 다니며 자기보다 나이가 많은 사람들을 사귀었다. 일찍이 무과에 합격하였으며, 말 몰고 활쏘기에 능하여 내금위에 소속이 되었다.

뒤에 나아가 용천군수가 되어 관리와 백성들이 두려움을 품고 가이

돌아볼만한 정치를 하였다. 벼슬만기에 이르러 돌아오게 되니 고을 어른들이 수레를 당기며 눈물을 흘렸고, 또 진산군수 때에 바야흐로 장차 은혜를 베풀면서 벼슬을 잘 하려고 했는데 별안간 돌아가고 말았다.

성품은 어버이를 섬김에 효도하며 항상 힘써 그 마음을 편안히 해드리려고 했으며, 집에 거하면서 가업을 다스리지 않았다. 오십 세에 돌아갔다.

부인은 단양 장씨 자인의 딸이다. 세종 25년 계해에 태어났고 중종 27년 임진년 9월 22일에 돌아가니 향년 90이었다.

오호라 전조정의 문벌 있는 긍지여, 신조정의 벼슬을 멀리하고 책을 즐겼도다.

다만 과업엔 무과는 숭상함이여, 국방에선 안을 다스림을 먼저 함이로다.

하나에서 열에 이르기까지 다 주었음이여, 진산은 좋은 보답을 바라지 않았도다.

참으로 진산이로다. 기려 노래하노니,

무술년 초겨울에 따뜻함을 더듬어 이르렀더니
어주 깊은 계곡에 한 무넘이 크도다.
두 무덤은 좌향으로 앉아 고향을 그리워하고
양 대의 손자무덤은 계단 아래서 지키고 있도다.
잠깐 했던 벼슬 정은 목숨을 가벼이 여겼고
평생 신조를 중히 지켜 부끄러움이 없었도다.
신선처럼 깨끗한 사람 어느 곳에서 사는고
골내근 계곡에 큰 소리 울리는구나. 전

새긴 글 찾아보고
따라가 어울린다

본 대로 느낀 대로
나가서 해야 한다

나랏일 다 끝맺으니
이 얼마나 좋을까

욕천 최장호

나랏일 하는 사람
온 사람 품어야지

바깥일 바로 살펴
잘한다 소리 높네

집안일 아내 몫이라
지켜가는 아흔 해

노산당 전향아

맑은 골 복이로다
참사람 찾아왔다

골내근 여기로다
남달리 살아왔다

뜻 깊은 쉬은 마치니
아흔까지 안해가

갑고 홍영표

뛰어난 글재주로
어버이 받듦이라

가시가 슬기로워
하늘이 도운 터라

이은이 높은 벼슬로
집안 크게 빛냈다

안일당 이원희

골내골 경사났네
서울 손 찾아오니

초겨울 따뜻하게
하늘도 맑고 높아

활 쏘던 매서운 눈매
어루 살핀 큰 어른

설전 임준신

오신 날 가신 날이
전하지 않았으니

여기엔 무엇인가
까닭이 있겠지만

그 안에 숨겨진 일이
무엇인지 궁금해

우인 경우수

실타래 길게 이은
참사랑 어디더냐

옛 나라 잊어질라
골내근 찾아왔네

부르고 또 불러본다
참사람아 울려라

가산 임봉훈

남다른 글재주로
어버이 받들더니

가시가 슬기로워
밝은 터 자리했네

누누이 높은 벼슬로
집안 크게 이뤘다

오남 이종관

넓게도 사랑함에
나에겐 겨를 없고

땅 같이 품어봄이
하늘엔 부끄러워

마음이 비워졌는지
보는 이로 참 비움

서천 조경휘

珍山公墓

안일당 이원희

霜月驪州探史覃 興川深谷古墳譚
松林雙墓肅貞生 苔蘚孤碑神筆闇
誠孝儒賢名閥起 淸廉君子衆臣慚
韓佳樂會讚吟喜 追慕感懷千丈谽

시월의 여주에 탐사차 이르니
흥천 깊은 골에 옛 무덤이 크도다.
솔숲의 쌍묘는 엄숙하고 바르게 있고
이끼 낀 외로운 비석은 신필이 묻혔도다.
성효의 어진선비는 명문으로 일으켰고
청렴한 군자는 많은 신하의 부끄러움이 되었도다.
한가락 모임이 기리고 읊는 기쁨이라
공을 추모하는 감회가 천 길이나 깊도다.

珍山公墓

가산 임봉훈

採訪驪江考考覃 崇墳儀訓永眠譚
齊家自古平天路 治世初終震地闇
賢者道門希有正 眞人達士絶無慚
敲金擊石揚歌屈 暘谷珍藏響箭谽

물어 찾아간 驪州江 언덕에 북 치는 소리 퍼지니
儀 바로잡고 가르치는 崇墳은 편안히 잠들고 있네.
자고로 家風 가지런히 함은 平天下의 逵路이니
始終 세상 다스리게 함은 震天動地의 여막이로다.
어진이의 道家道仙은 드물게도 정정당당하고
참사람으로서의 達士는 부끄러움이 전무하도다.
고금격석의 노래를 큰 소리로 불러 屈起하나니
暘谷에 숨은 보배는 깊은 골짜기에서 箭鏑 울리네.

珍山公墓

오남 이종관

冬孟驪州探史覃 興川上白古封譚
遙遙遠水野端逝 累累後孫階下闇
施政清廉都不駁 侍親誠孝一無慚
會離人世尋常事 莫歎邯鄲[1]春夢谽

첫 겨울 여주에 탐사차 이르니
흥천면 상백리에 옛무덤이 크구나.
멀고먼 한강수는 큰들 끝으로 흘러가고
여러 개 후손 무덤 계하에 묻혔네.
시정이 청렴하여 도무지 비난 받지 않았고
어버이 섬김에 정성을 다하여 하나도 부끄러움이 없었도다.
만나고 헤어심은 사람 사는 세상 심상 있는 일이니
감단 춘몽의 허무함을 탄식하지 말아라.

---

1) 邯鄲 : 地名. 趙都. 邯鄲一炊黃粱之夢의 故事가 있던 곳.

珍山公墓

서천 조경휘

秋雰後霙天甚覃 驪州一墓麓中譚
褐黃莎草先靈覆 灰黑石人歲月闇
事母安心常務忚 莅官恭謹不忠慚
未治產業施恩德 嘻望珍山眞寙谽

가을 큰비 후 구름 걷히어 하늘이 심히 깊은데
여주에 한 묘 산기슭에 있구나.
갈황색 잔디 선령의 덮음이요
검은 회색의 돌사람은 세월이 숨어있다.
어머니 모시길 편히 함 항상 힘쓰는 즐거움이요
벼슬에 공경과 삼가함 충성을 다하지 못할까 부끄러워함이요.
생산은 간여치 않고 은덕만을 베풀었으니
아 진산을 바라봄은 진실로 비운 휑할함이라.

진산공묘(珍山公墓)에서

세온마흔세 번째 한가락 모임
때 : 4351(2018)년 11월 10일, 토요일, 맑음
곳 : 진산공묘 - 경기도 여주시 홍천면 상백리

맑은 초겨울, 춥지도 덥지도 않은 알맞은 날씨로 외출하기 딱 좋은 날씨이다.

오늘은 강남역에서 10시에 모이기로 한지라 총무를 맡은 책임감 때문에, 미리 나가서 어르신들을 기다렸다 맞이하여야겠기에 서두르는 마음이 바쁘다.

오늘 방문할 곳은 우리 한가락 회원인 우인 경우수님의 조상님을 찾아뵙기로 하였기에 다른 날과는 다른 설레임이 앞선다.

더구나 문중에선 오늘 몇 분이나 모이실까, 연로하신 회원들이 많다보니까 날씨에 민감하며 겨울엔 특히 건강을 염려해야 할 분들이 생겨서 걱정이 앞선다.

잠시 후 선생님을 비롯하여 가산, 욕천, 서천, 한홍식, 변충근, 강윤석, 우인, 갑고, 그리고 총무 등 총10명이 오늘 참석 인원이지만, 우인과 갑고는 승용차로 바로 출발하고 8명만 강남역에 모여서 신분당선을 갈아타고 출발하여, 판교역 하차, 다시 경강성으로 환승하고 이천에서 하차, 개찰구를 나오니 문중에서 나오신 회장님께서 승용차를 대기하고 기다리고 계셨다.

우리는 4명씩 승용차에 나누어 타고 오늘 일정을 다시 짜보기로 하였다. 일단 문중 회장님께서 금강산도 식후경이라시며, 미리 예약된 식당으로 안내해주셨다.

문중회장님께서 이끄시는 대로 10분정도 달리니, '상백매운탕'이란 커다란 간판이 보인다.

바로 뒤따라 우인께서 갑고와 함께 승용차를 타고 식당으로 바로 찾아와 함께 하였다.

곧 2층으로 안내되어 문중 회장님의 환영인사로 서로의 상견례를 마치고, 미리 잘 차려진 상차림에 보글보글 맛있게 끓고 있는 메기매운탕으로 점심을 진짜로 맛있게 먹었다.

비록 전문식당이긴 하지만 문중에서 손님을 대하는 정성으로 살피고 살펴 예약했을 메기매운탕 맛은 잊을 수 없도록 맛을 잘 내어 시원하게 국물까지 다 먹었다.

식사를 마치고 바로 옆 5분 거리에 산소가 있어 다함께 참배를 드리고 산세를 살펴보며 선생님의 공부에 들어가기 앞서 잠깐 설명을 들었다.

산소는 2개의 봉분으로 되어있어 오른쪽은 우리가 공부할 공이 누워계시고 왼쪽은 부인이 누워있는 형상이니, 이는 우리 살아있을 때의 잠자는 모습도 이와 같은 모양이어야 한단다.

바로 앞에는 한강 물줄기가 흐르는 큰 강이 보이며 그리 높지도 않은 볕바른 곳에 산소가 있어 명당자리 중의 명당이다.

잘 가꾸어놓은 산소를 보면서, 문중의 수고로움이 대대로 공경으로 이어오는 조상님을 섬기는 정성이 그대로 느껴져 한층 더 존경의 마음이 높아진다.

봉화공파 재실에 도착하여 준비한 자료 강의를 하였다.

재실은 59개의 위폐를 모셔놓은 새로 지은 현대식 재실이었다.

순서대로 모셔져 있는 위폐는 칸칸이 어찌나 많은지 한곳에 모아놓아 정말 편리하고 좋아 보인다.

미닫이 문을 만들어 평소엔 닫아두었다가 필요시 열어놓고 행사를 하는 현대식 재실에서 공부를 하였는데, 선생님의 목소리는 오늘따라 더욱 크게 멀리서도 들리도록 쩡쩡 울린다.

오늘 자료 공부 번역은 바로 옆장에 실어놓을 것이다.

오늘 문중에서 참석해 주신 분들은 경길호,(慶吉浩), 경호(敬浩), 인웅(因雄), 창수(昌秀), 은수(恩秀), 덕현(德顯) 광현(光顯)님 모두 7분이었다.

자연 벌꿀을 하시는 문중 어른이 꿀과 화분가루를 주시어 물에 타서 한 잔씩 먹었다.

화분가루는 벌이 물어오는 꽃가루로 뭉쳐 만들었다는데 달콤하면서도 귀한 가루였다.

우리는 신기해하면서 벌의 노고와 꿀을 만드신 선생의 노고에 박수를 보내며 하루 일정을 마무리 하였다.

경씨 문중 어르신 오늘 협조해 주셔서 대단히 감사합니다.

문중의 무궁한 번창을 기원합니다.

경면 후손 시조 두 분 것을 곁들인다.

노산당 전향아 씀.

<경면 후손 시조>

한반노 백두대간 돌아선 회룡(回龍)이라
속리산 서북으로 평택들 경기평야
마옥산 세 줄기 흘러 우 북성산 좌 원적산

한강은 동출 서류 당외수 복하양화(福河楊化)
달 닮은 달 형국이 천하의 명당이라
펼쳐진 넓은 들에는 퇴적토로 기름져서

당내 수 월곡동이 역구(逆溝)쳐 금반낙조
그 자손 천년성상 당당히 지켜오고
충효열 배출한 지역 유서 깊은 세거지다

월파 경길호

진산공 묘에서

월곡산 북향언덕 천하명당 자리잡고
아드님 손자님을 가지런히 품어 안아
한강수 듬뿍 받아서 그 씨앗을 뿌렸네

장구한 수백성상 맥을 잇던 희성 집안
양화들 뿌린 씨앗 죽순처럼 솟아올라
마침내 아홉 지파로 대성가문 이뤘네

운곡 경덕현

344. 약천공묘(藥泉公墓)에서

이름도 미르고을
엄청나 놀랍다만

눕자리 높은 언덕
아무나 오르리오

배우는 선비의 노래
이로부터 비롯해

최중관

▲ 약천공묘

▲ 약천공묘 앞에서

▲ 약천공 시조비를 돌아보며

▲ 약천공 공부를 하며

344. 藥泉公墓(약천공묘)

藥泉公墓在京畿道龍仁市處仁區慕賢邑草芙里公姓宜
약 천 공 묘 재 경 기 도 용 인 시 처 인 구 모 현 읍 초 부 리 공 성 의

寧南氏諱九萬字雲路號藥泉又美齋也高祖諱彦純左丞
령 남 씨 휘 구 만 자 운 로 호 약 천 우 미 재 야 고 조 휘 언 순 좌 승

旨兵曹參議咸鏡道兵馬節度使曾祖諱柁軍器僉正贈兵
지 병 조 참 의 함 경 도 병 마 절 도 사 증 조 휘 타 군 기 첨 정 증 병

曹判書祖諱烒平康縣監贈左贊成考諱一星金城縣令贈
조 판 서 조 휘 식 평 강 현 감 증 좌 찬 성 고 휘 일 성 금 성 현 령 증

領議政妣安東權氏嘉善府使曄女仁祖七年己巳以生公
영 의 정 비 안 동 권 씨 가 선 부 사 엽 녀 인 조 칠 년 기 사 이 생 공

幼而穎敏宋浚吉門人二十八文科歷諸華職至領議政其
유 이 영 민 송 준 길 문 인 이 십 팔 문 과 역 제 화 직 지 영 의 정 기

間以少論領袖流配於南海江陵等地禧嬪張氏賜藥後投
간 이 소 론 영 수 유 배 어 남 해 강 릉 등 지 희 빈 장 씨 사 약 후 투

紱歸鄉卽龍仁葛潭里至今不祧廟復元鄉土文化遺跡第
불 귀 향 즉 용 인 갈 담 리 지 금 불 조 묘 복 원 향 토 문 화 유 적 제

五十三號指定也公文章書畵有能藥泉集外多碑文額字
오 십 삼 호 지 정 야 공 문 장 서 화 유 능 약 천 집 외 다 비 문 액 자

肅宗三十七年辛卯三月十七日卒享年八十三諡文忠也
숙 종 삼 십 칠 년 신 묘 삼 월 십 칠 일 졸 향 년 팔 십 삼 시 문 충 야

配東萊鄭氏持平修女又驪興閔氏節度使昪女嘗時調一
배 동 래 정 씨 지 평 수 녀 우 여 흥 민 씨 절 도 사 승 녀 상 시 조 일

首曰東窓欲昉乎從鳥大鳴矣養犻牧童兮至今不起哉越
수 왈 동 창 욕 방 호 종 조 대 명 의 양 패 목 동 혜 지 금 불 기 재 월

岾長畝也何暇盡耕焉嗚呼東窓欲昉兮萬古敎訓哉讚曰
점 장 묘 야 하 가 진 경 언 오 호 동 창 욕 방 혜 만 고 교 훈 재 찬 왈

飮食多中最貴鹽　龍仁深谷一墳謙
음 식 다 중 최 귀 염　용 인 심 곡 일 분 겸

金臺石物至誠濫　坤向案山遐伏嚴
금 대 석 물 지 성 람　곤 향 안 산 하 복 엄

領相危階君子裕　東窓時調儒宗鑯
영 상 위 계 군 자 유　동 창 시 조 유 종 첨

眞人處處賡歌裏　千萬年年不朽忺
진 인 처 처 갱 가 리　천 만 년 년 불 후 험

344. 약천공묘(藥泉公墓)

약천공묘는 경기도 용인시 처인구 모현읍 초부리에 있다.

공의 성은 의령 남씨이다. 휘는 구만이요 자는 운로요 호는 약천이며, 또 미재다.

고조의 휘는 언순이요 좌승지 병조참의 함경도 병마절도사이다.

증조의 휘는 타요 군기첨정이다. 병조판서를 증직 받았다.

조의 휘는 식이며 평강현감이었다. 좌찬성을 증직 받았다.

고의 휘는 일성이요 금성현령이다. 영의정을 증직 받았다.

어머니는 안동 권씨 가선부사 엽의 딸이다. 인조 7년 기사년에 공을 낳았다.

공은 어려서부터 영민하여 송준길 문인으로 공부했다. 이십팔 세에 문과하여 여러 벼슬을 지나 영의정에 이르렀다. 그 사이에 소론 영수로서 유배 길에 올라 남해, 강릉 등지로 갔었다.

희빈 장씨가 사약을 받은 후에 인끈을 풀어놓고 귀향하였다.

용인시 갈담리 곧 지금 부조묘를 복원하여 향토문화유적 第53호에 지정되었다.

공은 문장과 서화를 아주 잘하였다. 약천집 외에 비문과 현판을 많이 썼다. 숙종 37년 신묘 3월 17일에 졸하니 향년 83세였다. 시호는 문충이다.

부인은 동래 정씨 지평 수의 딸이다. 또 한 분 여흥 민씨 절도사 승의 딸이다. 일찍이 시조 한 수가 있었으니,

동창이 밝았느냐 노고지리 우지진다
소치는 아이는 상기 아니 일었느냐
재 넘어 사래 긴 밭을 언제 갈려 하느니

오호라 동창이 밝았느냐여 만고에 교훈이 되리로다.
기려 노래하노니,

많고 많은 음식 중에 가장 귀한 것이 소금인데
용인 깊은 골짜기 한 무덤이 겸손하도다.
금잔디와 돌비석엔 지극한 정성이 넘치고
서남쪽을 향한 안산은 위엄이 높도다.
영상의 높은 지위는 군자의 넉넉함이요
동창이 시조 한수로 선비의 우두머리로 표시되었도다..
참된 사람들이 곳곳에서 이어 부르는 속에
천년만년 대대로 썩지 않게 하고자함이로다. 전

괭이 꽃 달맞이꽃
낮 꽃과 밤꽃이라

오늘날 일과 쉼은
밤낮이 따로 없다

오지게 살아가려면
때에 따라 쉬어라

욕천 최장호

해 뜨는 새쪽이여
그 속에 멋진 사람

배움터 자리매김
오늘도 이어진다

잘 써낸 그 한마디가
즈믄토록 꽃인 걸

노산당 전향아

미릇골 높은 언덕
눕자리 하도 밝다

아무나 오를소냐
탁 트인 이 자리에

새 창이 밝았느냐는
노랫소리 쟁쟁해

갑고 홍영표

별바른 눕자리가
밝은 터 참이로다

귀한 글 남아있어
오늘의 보배로다

깨어서 일하란 노래
깨우치는 소리다

안일당 이원희

동창이 밝았느냐
아이들 좋아한다

높은 골 미르고을
발차취 예있구나

그리워 녹아진 마음
술 한 잔을 올린다

설전 임준신

일찍이 일어나서
밭 갈러 나가거라

때되면 일해야지
때지나 어찌하나

선비의 앞서간 마음
노래로서 전하네

우인 경우수

문무라 재주 그릇
밥솥 안 소금 일세

미르 골 자리 잡아
약물 샘 알려준다

동창이 장단 맞추고
즈믄잘로 노래해

가산 임봉훈

탁 트인 늪자리가
한겨울 아득하다

글재주 남은 글이
더없는 옥이로다

때때로 부르는 노래
일러주는 깨우침

오남 이종관

재주가 남다름에
글씨 멋 날리었고

마음이 올곧아서
바른 글 자주 올려

젊은이 일으키고자
시조노래 동창이

서천 조경휘

藥泉公墓

안일당 이원희

料理最高重要鹽 龍仁深谷古墳謙
金臺端墓賢人像 烏石銘碑頌節嚴
領相清廉君子表 東窓時調樂歌籤
後生讃唱戀情懇 秀麗文章萬代忺

요리에 최고로 중요한 것이 소금인데
용인 깊은 골에 옛 묘가 겸손하도다.
금잔디 단정한 묘는 어진이의 상이요
검은 비석의 새긴 글은 엄절을 기림이로다.
영상의 청렴은 군자를 나타냄이요
동창시조는 즐거운 노래로 표지가 됨이로다.
후생들이 기려 부르며 그리는 정이 간절한데
수려한 문장은 만대의 기쁨이로다.

藥泉公墓

가산 임봉훈

文武才量若鼎鹽 藥泉命號廣義謙
龍仁洞口詩碑整 芙愛墳山領袖嚴
風味韭黃豪士好 芝蘭句色大韶鐵
不忘訓範遺香裡 一曲東窓樹穫忺

문덕과 무덕의 재주와 국량이 밥솥과 소금 같은데
약천이라고 命名 號하니 넓게 잡은 뜻 겸손하도다.
용인고을 동네 어귀에는 시비가 정렬되어 있고
芙蓉을 아끼는 墳山에는 嚴肅한 영수가 있도다.
풍류적 성격의 익은 달래 맛은 호사들이 좋아하고
善人才子의 글귀 風色은 아끼는 순임금 노래로다.
남긴 향기 잊지 아니하고 모범 삼아 가르치는 속에
한 수의 '東窓이' 시조는 즈믄잘 해 불려지리로다.

藥泉公墓

오남 이종관

寒雪紛紛嘗否鹽 龍仁深谷古封謙
黃蓋隆墓讚章卓 碧蘚巨碑歌節嚴
領相清廉千世表 東窓時調萬年籤
文忠[2]戀慕後人悅 灼灼譽名長久忺

백설이 분분하여 맛보니 소금이 아닌데
용인 깊은 골에 옛무덤은 겸손하구나.
누런 잔디 덮인 높은 봉분은 공의 높은 문장을 찬양하고
푸른 이끼 낀 큰 비석은 공 절의를 노래하여 엄숙하도다.
영상으로 있으면서 청렴하니 천세의 표상이요
동창 시조는 만년토록 표지가 되리로다.
문충공을 그리는 후인은 기쁘니
빛나고 빛나는 아름다운 그 이름은 길이길이 기쁨을 주리로다.

2) 文忠 : 남구만 선생의 시호.

藥泉公墓

서천 조경휘

至月日昫飡味鹽 處仁中麓一塋謙
前遙无錮豁然達 後接延低敦厚嚴
黨派直言非世出 精誠才德實心籤
東窓欲昉儒歌作 鼓舞青年兀立忺

11월 햇볕의 따스함 먹을 때 짭짤한 소금 맛
용인시 처인구 산기슭 한 무덤이 겸손한데
앞은 활연히 펼쳐져 멀리까지 막힘이 없고
뒤는 낮게 연이어 돈후하고 엄한 모습이로다.
당파가 심한 세상에 직언, 보통 사람이 아니고
정성과 재덕 진심의 표식이로다.
동창이 밝았느냐 선비의 노래를 지어
청년을 고무시키고 우뚝 서게 하였도다.

약천공묘(藥泉公墓)에서

세온마흔네 번째 한가락 모임
때 : 4351(2018)년 12월 22일, 토요일, 맑음
곳 : 약천공묘 - 경기도 용인시 처인구 모현읍 초부리

譯詩 平時調 (南九萬 作詞)
東窓惟昧爽 雲雀亂呼鳴 牧豎夙興否 何時嶺外耕

東窓이 밝았느냐, 노고 지리 우지진다.
소치는 아희 놈은 상긔 아니 일었느냐? 재 너머 사래 긴 밭을 언제 갈려 하느니?

歷史香氣(역사향기)를 더듬어 길을 재촉한다. 同人誌(동인지) 韓嘉樂(한가락)회 29년차의 9개월(343회) 째이다. 檀紀 4351(西紀2018)년 12월 22일이다. 동지(冬至)날이다. 藥泉公墓(약천공묘)를 탐방한다. 그가 남긴 平時調(평시조) 한 수가 품고 있는 뜻과 의미를 알고 기리고자 함이다. 동짓달 추위답게 酷寒(혹한)이다. 집을 나선다. 익숙한 새벽길이 아니던가? 30분 거리의 백마역이 기다리고 있기 때문이다.

쫓기 듯 찬바람 뒤로하고 京義線(경의선)열차에 오른다. 따뜻하다. 언제나 그러하듯이 부지런한 사람들의 새벽열차이다. 동창이 밝아오고 있다. 깨어난 날짐승들은 아리수바람타고 행주 벌, 화전 벌을 누비리다. 수색. Dmc. 가좌역을 지나면 지하열차이다. 홍대 역이다. 2호선 열차로 환승한다.

한 시간 남짓 쯤 달려온 강남역에서 분당선으로 갈아타야한다. 에스컬레이터(escalator)를 의지하여 수십 미터 깊은 땅속으로 내려갔다. 복잡하다. 총무인 仝香阿(전향아) 작가는 땅굴 골목길을 안내한다. 첨단과학은 인간

을 편리하게도 하지만 노예화 하는 것도 부정할 수가 없을 것 같다. 회원들은 지도교수 中觀(중관) 崔權興 선생님께 인사드리고 서로 교분을 나눈다. 詩友(시우) 甲皐 洪永杓, 青艸 洪五善, 又仁 慶佑秀, 浴川 崔章鎬, 抒洊 趙京彙, 魯山堂 全香阿, 徐**, 佳山 任奉壎 외 모두 아홉 분이다. 꼬불꼬불 오르내리는 지하 동굴 길은 판교에서도 이어진다. 京江선으로 갈아타야 한다. 墓域(묘역)이 가까운 利川역에서 하차한다.

용인시 處仁(처인)區 慕賢(모현)邑 草芙(초부)里이다. 옛날 같으면 산골 마을이다. 지금은 골목마다 찻길이다. 五人承(오인승) 乘用車(승용차) 한 대가 길 안내를 한다고 한다. 예약한 식당 주인이다. 案內者가 없어서 아쉬움이 있다. 숨겨진 이야기를 듣고 싶은 욕심에서이다. 울창한 松柏(송백)묘역의 마을입구에는 神道碑(신도비)와 夜雨絶筆(야우절필) 辛卯三月十五日夜라는 石碣(석갈)과 '東窓이…'의 詩歌碑碣 등이 정렬되어있다. 동산같이 둥글고, 가파르고 경사진 비탈길을 올라간다. 案山(안산)이 쉬 원하다. 青龍白虎(청용백호)의 묘역에 圓墳(원분)으로 묘標石(표석)과 床石(상석), 長明燈(장명등), 望頭石(망두석)이 모두였다. 南九萬(남구만) 묘소 안내판에는 年譜(연보)와 生涯(생애), 지정번호 '鄕土(향토)遺蹟(유적) 제5호'라고 계시하고 있다. 右議政(우의정), 左議政(좌의정), 領議政(영의정)과 많은 華職(화직), 役職(역직)에 비하면 소박하고 조촐한 墳山(분산)이다. 중관 선생께서는 준비된 자료에 따라 열강을 하신다.

南九萬(남구만)은 누구인가? 宜寧南氏(의령남씨)로 名門(명문)이다. 作名(작명)을 九萬이라 하였으니 '萬里長天(만리장천)'의 四字(사자)成語(성어)를 聯想(연상)하게한다. 字는 雲路(운로), 즉 '구름 길'이다. 號(호) '藥泉(약천)'은 '약이 있는 샘물'이라고 일컫고, 또 美齋(미재)라는 호가 있다. 남다른 호와 작명을 한 것이 예사롭지 않다고 하셨다. 1651년(孝宗2)에 司馬試(사마시)를 거쳐 1656년 別試文科에 乙科(을과)로 급제하고 이듬해에 正言(정언)이 된다. 여러 가지 많은 벼슬을 역임하면서 영의정(현: 국무총리)에 오르게 되었다고 하신다.

이력은 吏曹正郎(이조정랑), 大司諫(대사간), 承旨(승지), 安邊府使(안변

부사), 漢城府左尹(한성부좌윤), 都承旨(도승지), 副提學(부제학), 大提學(대제학) 등을 거치고 西人(서인)이 老小論(노소론)으로 분열되자 小論(소론)의 영수가 되기도 하였다. 己巳換局(기사환국)때 江陵(강릉)으로 유배되기도 하고 喜賓(희빈) 張氏(장씨)가 重刑(중형)으로 死賜(사사)를 결정하자 사직하고 落鄕(낙향)을 한다. 그 후 付處(부처) 罷職(파직) 등 파란을 겪다가 敍用(서용)된다. 1707년(肅宗33)에 致仕하고 奉朝賀(봉조하)가 된다. 숙종 廟庭(묘정)에 配享(배향)되었다 하고 諡號(시호)는 文忠(문충)이라 한다. 文詞(문사)와 서예에도 뛰어났으며 많은 文獻(문헌)과 작품, 著書(저서)가 있다. 유일한 遺作(유작)으로 시조 한 수가 전하고 있다. 동양철학의 독특한 音律(음율)과 音譜(음보), 音階(음계)의 旋律(선율)이 흐른다. 시조 [東窓이…]가 浮上(부상)한다. 光復(광복) 후이다.

국가미래를 위한 민족가락보존의 필요성을 깨닫게 한다. 李承晩(이승만) 대통령은 國樂院(국악원) 설치를 국회에 提案(제안)하였다. 그러나 六二五事變(육이오사변)이 勃發(발발)하여 부득이 臨時首都釜山(임시수도부산)에서 '이주환' 선생이 원장을 맡게 되었다 한다. 中觀 선생의 傳言(전언)이다. 30여 년 전부터 時調唱(시조창)과 國樂(국악)보존을 위한 활동에 심혈을 기울여 왔다.

때에 이주환 선생을 방문하게 된 것이 因緣(인연)이 되어 평시조 [東窓이…] 한 수를 접하게 된다. 시창 보급과 발전을 위하여 동분서주 하게 되었나고 한다. 교육계 요청으로 방학기간이면 교사들을 위한 연수를 하게 되었고 軍部隊(군부대)요청으로 활동한 기회도 있었다 한다. 한가락모임에서도 동호인모임이 탄생한다. 선생님의 지도하에 三皐(삼고 ; 甲皐 洪永杓., 碧皐 張大烈., 斗皐 洪鳳性)라는 專門家(전문가) 愛稱(애칭)으로 부르고 있는 등 長足(장족)의 발전을 하여왔다. 우리가락 보급에 힘써온 포상으로 오늘날까지 이어지고 있다. 歷史(역사)와 함께한 詩唱(시창)이다. 洪永杓(홍영표) 박사께서는 審査委員(심사위원)으로 활동하고 있으면서 문하생들의 교육에도 심혈을 기울인다. 뿐 아니라 한가락모임의 동호인들과 함께 애창 보급하고 있다.

내년 4월29일은 史蹟探訪(사적탐방) 苦樂難忘(고락난망)의 30星霜(성상)이다. 自矜心(자긍심)을 가진다. 국가와 사회의 도움도 없이 熱情(열정)의 表象(표상)인 同人誌(동인지) '한가락' 30주년을 맞이하는 感懷(감회)는 비길 바가 없으리다. 時調(시조)와 漢詩(한시)를 읊고 노래하며 紀行文(기행문)으로 기록문화를 새겨왔다. 살아있는 역사현장은 후세의 거울 되리다. '藥泉공묘'를 탐방하면서 많은 것을 깨닫게 한다. 南九萬(남구만)의 평시조[東窓이…]는, 그의 사상과 철학, 정신과 理念(이념)은 우리의 傳統文化(전통문화)교훈이다.

가산 임봉훈 씀.

345. 지촌공묘(芝村公墓)에서

멋스런 할아버지
그 위의 할아버지

글이라 이름하면
없어라 맞설 집안

내게와 깜빡했나봐
선비로서 어허허

최중관

▲ 지촌공묘

▲ 지촌공묘 앞에서

▲ 지촌공 묘비

▲ 지촌공 공부를 하며

345. 芝村公墓(지촌공묘)

芝村公墓在京畿道南楊州市榛接邑富平里公諱喜朝字
지 촌 공 묘 재 경 기 도 남 양 주 시 진 접 읍 부 평 리 공 휘 희 조 자

同甫號芝村又艮菴系延安李氏也高祖諱啓縣令曾祖諱
동 보 호 지 촌 우 간 암 계 연 안 이 씨 야 고 조 휘 계 현 령 증 조 휘

廷龜大提學左議政有時調一首祖諱明漢大提學都承旨
정 구 대 제 학 좌 의 정 유 시 조 일 수 조 휘 명 한 대 제 학 도 승 지

吏曹判書有時調八首考諱端相副提學妣全義李氏行遠
이 조 판 서 유 시 조 팔 수 고 휘 단 상 부 제 학 비 전 의 이 씨 행 원

女以孝宗六年乙未二月二十六日生公自幼已儼若成人
녀 이 효 종 육 년 을 미 이 월 이 십 육 일 생 공 자 유 이 엄 약 성 인

遺逸出仕歷中外諸職掌樂院正特海州牧使時築瑤琴亭
유 일 출 사 역 중 외 제 직 장 악 원 정 특 해 주 목 사 시 축 요 금 정

於石潭讚栗谷風流也辛壬士禍流靈巖移鐵山之道中終
어 석 담 찬 율 곡 풍 류 야 신 임 사 화 유 영 암 이 철 산 지 도 중 종

定州享七十年也諡文簡贈左贊成至今本邑內閣里有太
정 주 향 칠 십 년 야 시 문 간 증 좌 찬 성 지 금 본 읍 내 각 리 유 태

極亭也此可謂公之尋閑清遊風雅表象也配安東金氏領
극 정 야 차 가 위 공 지 심 한 청 유 풍 아 표 상 야 배 안 동 김 씨 영

議政壽興女墓合祔也著書有大歸設芝村集三十二卷尤
의 정 수 흥 녀 묘 합 부 야 저 서 유 대 귀 설 지 촌 집 삼 십 이 권 우

書節要朱子大全箚疑朱陸同異輯覽宋元明節要五先生
서 절 요 주 자 대 전 차 의 주 육 동 이 집 람 송 원 명 절 요 오 선 생

書節要海東儒先錄續經筵故事也嗚呼一門兩代時調兮
서 절 요 해 동 유 선 록 속 경 연 고 사 야 오 호 일 문 양 대 시 조 혜

淸遊風雅可法哉處處留墟亭榭兮儒風振作可賞哉讚曰
청 유 풍 아 가 법 재 처 처 유 허 정 사 혜 유 풍 진 작 가 상 재 찬 왈

幽兆探尋冬月咸　楊州深谷一墳鑑
유 조 탐 심 동 월 함　양 주 심 곡 일 분 감

來龍坐向明堂穴　名士筆銘神道瑊
내 룡 좌 향 명 당 혈　명 사 필 명 신 도 감

淸節諸官終遠配　尤庵門下聞稱巖
청 절 제 관 종 원 배　우 암 문 하 문 칭 암

赴任留處築亭裏　文藝家風眞大嶄
부 임 유 처 축 정 리　문 예 가 풍 진 대 참

345. 지촌공묘(芝村公墓)

지촌공묘는 경기도 남양주시 진접읍 부평리에 있다.

공의 휘는 희조요 자는 동보, 호는 지촌이며 또 간암이다.

집안은 연안 이씨이다. 고조의 휘는 계요 현령을 지냈다.

증조의 휘는 정구요 대제학이었고, 좌의정을 지냈다.

시조 1수가 있다.

조의 휘는 명한이요 대제학, 도승지, 이조판서였다. 시조 8수가 있다.

고의 휘는 단상이요 부제학이다.

어머니는 전의 이씨로 행원의 딸이다.

효종 6년 을미 2월 26일에 공을 낳았다. 공은 어려서부터 점잖아서 성인 같았다.

빼어난 사람으로 추천을 받아 벼슬에 나가서 안과 밖으로 여러 직책을 지냈다.

장악원장을 맡았다.

특히 해주 목사 때에 석담에다 요금정을 지어놓고 율곡의 풍류를 되살려 기리며 즐겼다.

신임사화를 만나, 영암으로 유배를 떠났다가 철산으로 옮겨가던 중에 정주에서 돌아갔다.

향년 70세였다. 시호는 문간이다. 좌찬성으로 증직되었다.

지금 본읍 내각리에 태극정이 있다.

이것은 가히 공은 한가한 시간이면 맑은 정신으로 풍아를 즐기는 모습을 보여주고 있다.

부인은 안동 김씨로 영의정 수흥의 딸이다.

묘는 합장하였다.

저서가 있으니, 대귀설, 지촌집 32권과 우서절요를 지었고, 주자대전을 읽고 의심나는 것을 뽑아서 기록하였고, 주자와 육구언의 책을 읽고 같은 것과 다른 것을 기록하여 모아 보게 하였고, 송나라 원나라 명나라 3나라 역사책을 절요하였고, 오선생서 절요와 해동유선록과 경연고사를 이어 썼다.

오호라 한 문중의 양 대에 걸쳐서 나온 시조요, 맑은 풍아로 가히 법 받을만하도다.

곳곳마다 머물던 곳에는 정자가 있음이여, 선비들의 풍속을 진작시켰음에 가히 상 줄만 하도다.

기려 노래하노니,

무덤 더듬어 찾는 것은 겨울달이 좋다고 다들 하는데
양주 깊은 골짜기에 한 무덤이 밝도다.
뒤로 뻗은 산줄기와 앉은 좌향이 명당혈이요

이름 있는 선비가 글을 새긴 옥돌 신도비로다.
맑은 절개로 모든 벼슬을 살았는데 끝내는 귀양길에서 끝났으니
우암 문하에서 나온 높은 사람이라 칭찬이 높도다.
부임하여 머무르는 곳마다 정자를 짓는 속에
글을 짓는 집안 내력으로는 이 집안이 진짜 크고도 높도다. 전

내려온 됨됨이를
언제나 욀 수 있다

때 아닌 용돌이
꿋꿋이 나아갈 뿐

까마중 머루알처럼
톡톡 튀는 글소리

욕천 최장호

앞선 이 멋을 찾아
닮아라 읊어보고

노랫말 안 남기려
잘 한 일 감췄는데

입으로 전해오는 말
맞설 집안 없다네

노산당 전향아

늙어서 더 멋쟁이
글재주 으뜸이라

하늘밑 뉘 집안이
맞설이 있으랴만

뉘뉘를 거듭 살펴도
눈에 띌 이 없겠네

갑고 홍영표

앞선이 벼슬 높은
이름난 집안이라

글재주 뛰어나서
좋은 글 보배로다

옳은 말 귀양살이가
안타까운 내 할배

안일당 이원희

옛 임이 놀던 자리
다락을 다시 얽어

그 때 멋 읽어내며
높이던 깊은 소리

글 한 줄 어디 숨었나
아쉬움에 눈물져

실전 임준신

아버지 할아버지
아들에 이르기에

나라의 큰 글들을
모두다 맡았었네

글 빛네 다듬은 솜씨
짝할 집안 어딜까

우인 경우수

이름난 대나무 뫼
미르 골 거울 삼고

솔향기 태극정자
풍아의 표상 일세

버들 골 풍성한 얘기
요산요수 노래해

가산 임봉훈

누누이 벼슬 높은
밝은 터 집안이라

엮어낸 많은 글이
오늘도 보배로다

바른말 귀양살이에
끝을 마친 어진이

오남 이종관

온 숨을 다하듯이
스승님 뜻을 받아

글하여 가르치고
책 내어 배움 열고

옛 임 뜻 집져 기리니
선비모습 보이네

서천 조경휘

芝村公墓

안일당 이원희

秀麗楊州山水咸 富平深谷一墳鑑
松林幽宅明堂艷 神道碑文名筆瑊
貞節猖心終遠配 數多著述望儒巖
閥家長祖矜持大 仰慕忝孫恭拜嶄

수려한 양주의 산수가 경치가 다하는데
부평동 깊은 골에 한 무덤이 밝도다.
송림의 유택은 명당으로 아름답고
신도비의 글은 명필로 옥이로다.
곧은 절개 굳은 마음은 먼 유배로 끝이었고
많은 저술은 높은 선비의 바램이로다.
명문의 큰 할아버지로 나의 자랑인데
앙모하며 부끄러운 손이 공손히 절하며 높인다.

芝村公墓

가산 임봉훈

崇大光陵墓穴咸 瑞芝杜谷四方鑑

名山竹葉來龍脈 雲岳松香太極臧

亭榭閒遊風雅表 著書村集海東巖

吟歌故事楊州特 遺逸鴻儒樂律嵌

숭대한 광릉내의 묘혈은 咸池音樂이라 하는데
상서로운 芝草의 杜(甘棠)谷은 四方이 거울이로다.
이름난 죽엽산에는 來龍이 맥을 이루고 있고
솔향기 나는 운악산은 太極亭子가 구슬이로다.
정자의 展望臺에서 閒遊함은 풍아의 表象이요
저서 芝村集 三十二권 등은 발해 동쪽에서 높도다.
읊고 노래한 由來 있는 일은 양주 벌에서 특별하고
선비의 遺逸出仕처 嵌谷은 樂山樂水의 가락일세.

芝村公墓

오남 이종관

白雪孤松絶勝咸 富平洞裡古墳鑑
鷲峰嶺籟揚文艶 王宿川風頌節瑊
學界衆論稱駿馬 儒林自他望雲巖
許多著述可謂璧 配殉無端悲歎嶄

백설과 고송이 모두 뛰어난 경치인데
부평 동리에 옛무덤이 밝구나.
수리봉 산바람은 공의 아름다운 문장을 찬양하고
왕숙천 강바람은 공의 높은 절의를 기리는도다.
학계 중론이 천리마라고 칭찬하고
유림 자타가 구름에 가린 큰 바위라고 우러러 보는도다.
허다 저술이 가히 구슬 같다 말하는데
까닭없이 원배에서 죽으니 비탄이 태산처럼 높구나.

芝村公墓

서천 조경휘

暫止朔風愉暖咸 陽州探訪古塋鑑

涉川門閉後人玼 赴麓碑迎先祖瑊

建榭清遊崇義雅 服勤至死承師巖

節要著述啓蒙志 道德名聲長歲嶄

삭풍이 잠시 멈추어 따듯함을 다 기뻐하고
양주를 탐방 옛 무덤을 찾으니 시대의 거울감이로다.
물을 건너니 문이 닫혀있어 이는 후세 옥의 흠이요
산기슭에 다다르니 비석이 마중하니 이는 조상의 옥이라.
정자를 짓고 맑음 속에 지내니 의를 숭상함의 바름이요
배운바 근실함은 스승을 잇는 높음이라.
간추려 정리 저술하니 계몽하고자 하는 의지로
도덕 명성이 긴 세월 드높으리로다.

지촌공묘(芝村公墓)에서

세온마흔다섯 번째 한가락 모임
때 : 4352(2019)년 1월 19일, 토요일, 맑음
곳 : 지촌공묘 - 경기도 남양주시 진접읍 부평리

오늘 역사 탐방하는 날, 목적지는 경기도 남양주시 진접읍 부평리에 있는 조선 후기의 문신겸 유학자인 李喜朝의 墓所이다. 아침 10시에 동천서숙에 일단 모여서 자동차로 나뉘어 타고서 이동하기로 한다. 又仁 회장과 抒滸 회원님이 동천서숙 앞에 미리 자동차를 대기하고 회원들을 기다린다. 회원들이 다 모여 각각 나뉘어 타고서 이동하기로 한다. 佳山회원님는 목적지 근방에서 합류하기로 하였다.

갈 곳을 네비게이션에 미리 입력하고 한강을 건너 동부간선도를 진입하고서 계속 북쪽으로 계속 이동해 간다. 그러나 길을 돌아 돌아서 도착한 곳이 부평리에 있는 축구장 옆에 멈추었다. 뒤차에 전화통화를 한즉 목적지는 바로 개울물 건너편에 있다고 한다. 개울물 아래로 쭉 따라 내려오면 평촌교가 나온다. 바로 다리 옆에 있는 식당마당에서 기다린다고 한다. 又仁 자동차는 이미 와있다. 바로 평촌교를 건너 개울물 옆에 난 도로를 따라 쭉 다시 내려온 만큼 올라가서 우측 방향으로 난 길을 따라 가니 실개천에 작은 다리가 나온다. 그 곳에 자동차를 주차하고서 문중에 전화연락하나 통화가 되지 않는다. 사전에 오늘 방문연락을 한 것으로 알고 있으나, 현재로는 무소식이다. 작은 다리 건너에 있는 문은 열쇠로 잠겨있다. 문 옆에 임시로 막은 스티로폼 패널을 들으니 지나갈 공간이 생긴다. 그 길을 통해 돌아서 나와 산으로 향한 비포장 흙길을 따라 올라 간다. 길게 난 오솔길을 같은 길을 따라 아주 한참 올라가니 芝村公의 墓所가 가까이 보인다.

12시 20분쯤에 中觀선생님을 비롯하여 회원들은 芝村公의 묘소에 공손히 예를 갖추어 참배를 하였다. 묘소 바로 앞에서 바라본 안산은 삿갓조개를 엎어 놓은 듯 부드러운 산처럼 누어있고 비석에는 朝鮮贈左贊成文簡公芝村李先生喜朝之墓 夫人安東金氏祔左라고 새겨 있다.

무덤을 한 단계 높인 長臺石과 2개의 香爐石으로 받쳐진 床石은 총탄의 상흔을 안고 있고 육각형 받침대를 갖춘 한 쌍의 望柱石은 세월을 먹은 검버섯이 돋아있다.

1시 10분쯤에 다시 다 내려와 雲嶽山 奉先寺 입구에 있는 향토음식전문점인 사랑방으로 자동차로 이동 한다. 1시 28분쯤 되었다. 이곳 사랑방 주인은 3.1독립운동으로 독립유공자 공훈록에 등록된 이순재의 후손으로 자부심이 있는 듯하다. 식당 안 문 앞에 사진과 훈장 등을 걸어놓았다. 지금처럼 친일파 후손들은 떵떵거리며 살며 미안한 감이나 조심성이 너무나도 없다. 느즈막이라도 독립유공자로 예우됨에 따라 객이라도 기쁠 따름이다.

2시 20분쯤에 자연산채 맛이 나는 돌솥밥정식을 맛나게 먹고 나니 공부를 할 수 있도록 자리를 마련해 준다. 드디어 芝村公에 대한 공부를 위해 중관선생님이 만든 자료를 노산당이 회원들에게 각각 나누어 주었다.

芝村公의 묘소는 경기도 남양주시 榛接邑 富平里에 있고, 公의 諱는 喜朝이며 字는 同甫이고, 號는 芝村, 艮菴 등이 있고, 諡號는 文簡으로 全義李氏이다.

아버지는 부제학을 지낸 李端相이고, 어머니는 李行遠의 딸 全義李氏이다. 遺逸을 통해 등용되어 掌樂院正 등 두루 여러 직책을 맡았고 특히 海州牧使 시절에는 율곡 이이의 풍류를 讚하면서 石潭에 搖琴亭을 세웠다.

搖琴亭은 현재 황해남도 벽성군 석담리 석담천에 있다. 정말로 남북 관계가 좋아질 수 있을까. 누군가 어깃장을 놓지 않는다면 참으로 좋은 시절이 와 갈수 있을 텐데 죽는 날까지 희망을 걸고 살아야 할 것 같다. 조국분단 73년 동안 상호 총부리를 겨누고 참으로 오랜 세월의 기다림 속에 이제 봄이 오려나 보다. 한 평생의 분단세대는 가고 곧이어 오는 화합의 세대는 꽃길만 걸어도 세월은 아깝게 흘러간다. 石潭이 돌못을 보고서 거문고 타

면 그 소리가 하도 맑아 그 물은 흔들리며 가볍게 들뜬다. 마치 술독에 막걸리가 익어가는 생명의 소리같이 그런 평화스럽고 가장 아름다운 공간을 만들어가야 할 텐데…. 걸림돌을 디딤돌로 만드는 슬기로운 지혜가 우리 젊은이들에게 늘 있어왔다. 지금도 역시 그렀다.

辛丑年과 壬寅年에 일어난 辛壬士禍로 전라남도 영암으로 유배되었고, 鐵山으로 옮기는 도중 定州에서 향년 70세 삶을 마감하였다. 남양주시 榛接邑 內閣里에는 太極亭이 있다. 세월은 여인의 머리카락처럼 길게 바람에 나부낀다. 때로는 검은 것이 세월의 꿀물을 먹어 겨울눈처럼 희기도 한다.

芝村公의 정신이 고스란히 남아 있는 저서로는 大歸說, 芝村集 32권, 尤書節要, 朱子大全箚疑, 朱陸同異輯覽, 宋元明書節要, 五先生書節要, 海東儒先錄, 續經筵故事 등이 있다.

4시경이 되니 이곳 향토음식전문점에 새로 들어온 손님들이 여럿이 앉아 있어 中觀선생님이 돌을 깎아내어 만든 시어가 담긴 시조와 七言律詩를 이어 부르는 것은 생략하고 公에 대한 모든 공부를 짧게 다 마친다.

又仁회장, 佳山회원 그리고 抒游회원의 자동차로 각각 옮겨 타고서 이제 芝村公의 삶을 음미하면서 돌아가야 한다. 오늘 보고 듣고 느끼고 맛보고 그리고 새기면 어디 새롭게 여겨지지 않을 수 있을까. 매우 선명하게 다가와 머릿속에 오래 남아 있을 것이다.

욕천 최장호 씀.

346. 개곡재(開谷齋)에서

열리는 골짜기라
누구든 들르시라

나라를 걱정하다
숨어든 곳이로다

푸르른 하늘도 있고
넓은 바다 보이고

최중관

▲ 개곡재

▲ 학사공묘 앞에서

▲ 학사공묘

▲ 학사공 공부를 하며

346. 開谷齋(개곡재)

開谷齋在京畿道金浦市月串面開谷里林學士公追慕處
개 곡 재 재 경 기 도 김 포 시 월 곶 면 개 곡 리 임 학 사 공 추 모 처

也公諱繼楨扶安人高祖諱敬世匡靖大夫僉議贊成事上
야 공 휘 계 정 부 안 인 고 조 휘 경 세 광 정 대 부 첨 의 찬 성 사 상

護軍不就曾祖諱淑金紫光祿大夫純誠輔節佐理功臣謚
호 군 불 취 증 조 휘 숙 금 자 광 록 대 부 순 성 보 절 좌 리 공 신 시

恭惠祖諱大光三重大匡保安君輔國崇祿大夫領議政考
공 혜 조 휘 대 광 삼 중 대 광 보 안 군 보 국 숭 록 대 부 영 의 정 고

諱得成中訓大夫司宰監正妣驪興閔氏奉常大夫威衛少
휘 득 성 중 훈 대 부 사 재 감 정 비 여 흥 민 씨 봉 상 대 부 위 위 소

尹成進女以生公在麗末文章德望著於當世名齊稼牧壬
윤 성 진 녀 이 생 공 재 여 말 문 장 덕 망 저 어 당 세 명 제 가 목 임

申變易守不二大節與翰林院閔愉朱士雍挈家退于汾津
신 변 역 수 불 이 대 절 여 한 림 원 민 유 주 사 옹 설 가 퇴 우 분 진

卜築于開野里新朝數徵公以前朝世臣無意仕進杜門不
복 축 우 개 야 리 신 조 수 징 공 이 전 조 세 신 무 의 사 진 두 문 불

出掃跡以終老時論薦公文學特除長湍敎授公以疾亂不
출 소 적 이 종 로 시 론 천 공 문 학 특 제 장 단 교 수 공 이 질 난 불

赴復有安邊之命公竟不起其勁節精忠光爭日月氣亘天
부 부 유 안 변 지 명 공 경 불 기 기 경 절 정 충 광 쟁 일 월 기 긍 천

地可以師表百代俎豆于秋也配寶城宣氏副司正處恭女
지 가 이 사 표 백 대 조 두 우 추 야 배 보 성 선 씨 부 사 정 처 공 녀

墓開谷里獨谷乾坐合祔也嗚呼陽地焉麗末守節學士兮
묘 개 곡 리 독 곡 건 좌 합 부 야 오 호 양 지 언 여 말 수 절 학 사 혜

閔林朱氏三人哉禮成江舟從風兮漢江河口遯跡哉讚曰
민 임 주 씨 삼 인 재 예 성 강 주 종 풍 혜 한 강 하 구 둔 적 재 찬 왈

春日和風發大東 停車金浦一齋瓏
춘 일 화 풍 발 대 동 정 거 김 포 일 재 롱

三門瓦閣丹青麗 十丈烏碑文筆崇
삼 문 와 각 단 청 려 십 장 오 비 문 필 숭

舊國翰林携手隱 新朝禮辟不應翀
구 국 한 림 휴 수 은 신 조 예 벽 불 응 충

狷心何處探其訓 太夢義人開谷通
견 심 하 처 탐 기 훈 태 몽 의 인 개 곡 통

346. 개곡재(開谷齋)

개곡재는 경기도 김포시 월곶면 개곡리에 있다.

임학사공을 추모하는 곳이다.

공의 휘는 계정이요 부안사람이다.

고조의 휘는 경세, 광정대부 첨의찬성사 상호군으로 불렀으나 나가지 않았다.

증조의 휘는 숙, 금자광록대부 순성 보절 좌리공신이다. 시호는 공혜이다.

조의 휘는 대광, 삼중대광보안군이다. 보국숭록대부 영의정이었다.

고의 휘는 득성, 중훈대부 사재감정이다.

어머니는 여흥 민씨 봉상대부 위위소윤 벼슬의 성진의 딸이다.

공을 낳았으니 여말에 문장과 덕망이 만세에 드러났다.

이름이 가정 목은과 가지런했다.

임신년 변역에 두 임금을 섬기지 않겠다는 불사이군을 지켰다.

한림원 민유와 주사옹과 가족을 이끌고 분진으로 물러나 점을 쳐서 개야리에 집을 짓고 살았다.

새 조정에서 여러 번 불렀으나 공은 전조의 대대로 내려오던 신하로 벼슬에 뜻이 없어 나가지 않고, 두문불출하다가 자취를 감추고 늙음을 마쳤다.

때에 여론들이 공의 문학이 특별하여 장단교수로 추천하였으나 공이 질병을 핑계로 나가지 않았다. 다시 안변으로 명이 있었으나 공은 마치도록 나가지 않았다. 그 굳은 절개와 알찬 충성은 해와 달로 그 빛을 다투겠도다. 기운은 천지를 뻗어 백대의 사표가 되리로다. 가을 제사로 모셔야 되겠도다.

부인은 보성 선씨로 부사정 처공의 딸이다.

산소는 개곡리 독곡 건좌에 합장하였다.

오호라 양지로다. 여말 절개를 지키던 학사로다.

민씨 임씨 주씨 3인이로다. 예성강에 배가 바람을 따름이여, 한강 하구로 자취를 감추었도다. 기려 노래하노니,

봄날 따뜻한 바람이 대동에서 일어나니
수레를 멈춘 김포에 한 재실이 밝도다.
삼문 기와집의 단청이 아름다운데
열 길 높은 검은 비석엔 문필이 높도다.
옛 나라 한림들이 식솔을 끌고 숨었는데
새 조정의 부름을 피해 응하지 않고 날아갔도다.
고집스런 마음 어느 곳에서 그 가르침을 찾을고
큰 꿈을 품은 의로운 사람은 개곡재를 통해야 되겠도다. 전

세 갈래 한 곳으로
모였다 큰 물줄기

부르면 부를수록
다시금 또 지운다

길 잃은 다 타버린 속
핑계거리 울 짖음

욕천 최장호

뜻풀이 열린 골에
반기는 기러기 춤

봄바람 바닷바람
즐기는 서울 손들

옛 어른 머물던 자리
새 이야길 엮는다

노산낭 전향아

큰 사람 글재주를
따를 이 있으랴만

올곧음 지키고자
골짜기 숨어들어

드높은 하늘 푸른데
새마을을 열었다

갑고 홍영표

봄 맞은 골짜기에
우뚝한 솔마루라

시원한 바닷바람
가슴속 후련하다

어진이 숨어산 뜻을
나도 절로 알겠네

안일당 이원희

멋스런 선비 가락
바람에 스쳐가고

다르고 같은 것을
골라서 묶었더니

머물던 고을사람들
칭찬소리 드높네

설전 임준신

바뀌진 나라에서
벼슬은 무슨 벼슬

뜻 맞는 세 어진이
숨어든 열린 고을

오늘은 한 가락이와
아픈 마음 달래네

우인 경우수

큰 집터 이름하여
개곡재 불러보니

다듬은 하늘 길을
우러러 공경하네

찾는 이 베푸는 소리
앞장서서 닦는 길

가산 임봉훈

봄 맞은 골짜기에
터 잡은 솔마루라

곧은 이 뜻이 달라
마다한 높은 벼슬

시원한 바닷바람에
가슴속이 후련해

오남 이종관

때 따라 살아가지
가본들 이 곳인데

온 임은 아니라고
간 임이 그리운가

다음엔 온 마음 다한
선비 바램 이루리

서천 조경휘

開谷齋

안일당 이원희

金浦春風吹自東 訪尋月串古齋瓏
文殊嶺瀨頌忠卓 洌水濤聲歌節崇
投紱翰林槃考隱 禮徵教授不應翀
嗚呼學士狷心艷 青史義名開谷通

김포에 봄바람이 동쪽에서 부는데
월곶을 찾으니 옛 재실이 영롱하도다.
문수산에서 부는 바람은 높은 충성을 기리고
한강수 파도소리는 높은 절의를 찬양하는도다.
한림은 벼슬을 버리고 고반하여 숨었고
교수로 예징하매 나가지 않고 불응하였도다.
오호라 학사의 깨끗한 마음이 아름다운네
청사에 의로운 이름 개곡으로 통했도다.

開谷齋

가산 임봉훈

暢快春風大廈東 命名開谷一齋瓏
聖門夾路丹青敬 噤浦明達紫色崇
學士德聲天職聞 著於當世地師翀
麗朝往事觀形覺 檀國前途四海通

화창하고 상쾌한 봄바람에 큰집이 동쪽 주인인데
開谷이라고 이름하니 한 재실이 밝고 찬란하도다.
聖門과 협로는 단청으로 꾸며서 공경스럽고
금포에 通明한 九達道는 紫色의 冠이 높도다.
학사의 덕행과 명성은 하늘이 내린 소문이고
그 시대의 저서는 地上의 스승으로 날렸도다.
고려와 조선조 往事에 形狀 깨닫고 관찰하였으니
배달나라 앞길에 동서남북 온 세상으로 通하리다.

開谷齋

오남 이종관

金陵春日路行東 月串探尋齋舍瓏
漢水江風歌節艷 臨津灘籟頌忠崇
數徵教授考槃隱 累辟安邊不就翀
學士狷心思慕切 英名靑史萬年通

봄날 김포에 길을 동으로 잡아
월곶에 찾아가니 옛 제사가 영롱하구나.
한수 강풍은 절의를 찬양하여 아름답고
임진 탄뢰는 높은 충성을 기리는도다.
교수로 불렀으나 산수를 즐겨 숨어버리고
안변으로 불렀으나 나가지 않았도다.
학사의 곧은 마음을 사모함이 간절한데
꽃다운 이름 청사에 길이 남으리로다.

開谷齋

서천 조경휘

春雪陰留風信東 汾津陽地一齋瓏
低庭沙草勤勤護 高址祠堂懇懇崇
徵出未臻訛疾蟄 杜門掃跡夢中翀
節持不二精忠極 藏志無心儒學通

음지 봄눈 남아 동쪽 바람이 불고
월곶면 양지 한 재실 밝아라.
낮은 정원 잘 가꿔진 잔디요
높은 곳 정성 다한 사당 자리로다.
임금 부름에 가지 못해 거짓 병 핑계하고
두문불출 행적 없애 꿈만 꾸며 살아가네.
두 임금을 모시지 않는 충성만이 지극하니
뜻 감추고 무심한 듯 유학만을 통하도다.

개곡재(開谷齋)에서

세온마흔여섯 번째 한가락 모임
때 : 4352(2019)년 2월 16일, 토요일, 맑음
곳 : 개곡재 - 경기도 김포시 월곶면 개곡리

따뜻한 겨울날, 5호선 전철타고 송정역 하차, 일행들을 기다리고 있었다.

아무리 따뜻해도 겨울인지라 아침기온은 손이 시리도록 차다.

한 분, 두 분, 참석하시는 분들 모두가 옷깃을 여미며 겨울준비를 단단히 하셨다.

우인과 서천은 승용차를 가지고 와서 기다리고 있다.

선생님과 갑고, 가산, 우인, 욕천, 서천, 문광, 서정원, 그리고 나, 전원 9명이라 2대의 승용차로 나누어 타고 목적지를 향해 달린다.

꽁꽁 언 땅을 가르며 조심조심 옛 선현들의 향기를 맡으며 점점 가까이 다가가고 있다.

맑은 하늘엔 기러기 떼들이 '께에 께에' 소리 지르면서, 무리지어 머리 위를 날아다니며 장관을 이루고 있다. 이렇게 많은 기러기의 행렬은 처음 본다. 꼭 우리 한가락 모임을 노래로 환영하는 환영사인 것 같다.

꼬불꼬불 찾아든 새실은 아담하며 깨끗하였으나, 바쁘신 문중 분들의 일정과 우리 행사를 맞출 수 없어 아무도 반기지 않는 무인 재실을 찾았으니. 커다란 삼문은 잠겨있어 안에는 들어가 살펴보지 못했다.

아쉽게도 밖에서 이리저리 사진만 찍고 바로 옆 산소로 올랐다.

야트막한 언덕 제일 위쪽에 자리한 오늘의 주인공 묘소에 올라 참배를 올리며 주위를 돌아보았다.

산 지형의 명당자리를 잘 살피는 예리한 눈을 가진 문광께서 세세히 살펴보시더니, 좌청룡 우백호의 감상을 묻어두고 아무 설명이 없으시다.

아마도 문중 분들이 아무도 없으니까 입을 닫으셨나보다.

재실에서 공부할 수가 없으니 식당에서 공부를 해야 한다.

미리 예약해두어 손 두부전골이 보글보글 맛있게 끓고 있다.

따끈한 방에서 뜨거운 국물을 마시니 온 몸이 찌르르 녹아난다.

두부에 돼지 삼겹살을 두껍게 썰어 넣고 각종 버섯을 섞은, 그리고 새우젓갈로 간을 맞추어 국물도 시원하고 깔끔한 맛이 입에 착 감기어 정말 맛있었다.

점심을 아주 맛있게 먹고 자료공부를 시작하였다.

이곳은 재실은 있으되, 재실 이름이 없었다.

이 어찌 그냥 둘 수 있겠는가 훌륭한 분을 기리는 곳이며, 볕바르고 좋은 곳에다 멋지게 재실을 지었는데 이름이 없다는 것이 있을 수 없다고, 중관 선생님께서 지명을 그대로 사용하여 '개곡재'라는 임시 이름을 지어서 자료는, '개곡재는 경기도 김포시 월곶면 개곡리에 있다.'로 시작되었다.

오늘 공부하는 자리가 식당이라서 조심스럽게 해야만 했다.

다른 손님들이 이상한 표정으로 바라보는 시선을 피해가면서 공부를 해야 했으니 마음껏 질문할 시간도 없었다.

3시 30분이 되어 강의는 끝났고, 자세한 자료내용은 번역으로 대신해야겠다.

노산당 전향아 씀.

347. 경조사(敬祖祠)에서

나이도 서른아홉
아깝다 하리오만

우리 둘 함께 떠나
나라를 생각하면

그 옛날 할아버지께
떳떳하게 뵈오리

최중관

▲경조사

▲ 경조사 앞에서

▲ 충숙공묘

▲ 충숙공 공부를 하며

347. 敬祖祠(경조사)

敬祖祠在京畿道金浦市霞城面元山里趙忠肅公追慕處
경 조 사 재 경 기 도 김 포 시 하 성 면 원 산 리 조 충 숙 공 추 모 처

也公諱廷翼字翼之號樂道齋高祖諱又新咸陽郡守贈吏
야 공 휘 정 익 자 익 지 호 낙 도 재 고 조 휘 우 신 함 양 군 수 증 이

曹參判曾祖諱溥承旨副提學慶州府尹祖諱昌生考諱寅
조 참 판 증 조 휘 부 승 지 부 제 학 경 주 부 윤 조 휘 창 생 고 휘 인

自號江湖山人以屢徵不就作孔巖津歌遺戒勿書職名妣
자 호 강 호 산 인 이 누 징 불 취 작 공 암 진 가 유 계 물 서 직 명 비

全義李氏通政縣令贈吏參韡女以宣祖己亥十一月十八
전 의 이 씨 통 정 현 령 증 이 참 위 녀 이 선 조 기 해 십 일 월 십 팔

日生公性至孝與弟廬墓啜粥以終喪制仁祖朝賜米復戶
일 생 공 성 지 효 여 제 여 묘 철 죽 이 종 상 제 인 조 조 사 미 복 호

以學行見推於世丙子胡亂避兵于江華翌年正月二十五
이 학 행 견 추 어 세 병 자 호 란 피 병 우 강 화 익 년 정 월 이 십 오

日義不屈節自決于摩尼峰下投身享年三十九也贈吏判
일 의 불 굴 절 자 결 우 마 니 봉 하 투 신 향 년 삼 십 구 야 증 이 판

謚忠肅配禮安李氏副摠管濬女仁祖丁丑正月二十四日
시 충 숙 배 예 안 이 씨 부 총 관 준 녀 인 조 정 축 정 월 이 십 사 일

先奪夫君之刀自決壽三十九也墓在與夫合窆艮坐坤向
선 탈 부 군 지 도 자 결 수 삼 십 구 야 묘 재 여 부 합 폄 간 좌 곤 향

仁祖十六年命旌閭也嗚呼平壤趙門名閥兮麗末大節巨
인 조 십 육 년 명 정 려 야 오 호 평 양 조 문 명 벌 혜 여 말 대 절 거

擘哉松山公之雅號兮地名祠名傳來哉七代間隙綿綿兮
벽 재 송 산 공 지 아 호 혜 지 명 사 명 전 래 재 칠 대 간 극 면 면 혜

不惑未滿後孫哉內外節心自決兮何姓家風可能哉讚曰
불혹미만후손재내외절심자결혜하성가풍가능재찬왈

已越春分伏杪冬 霞城陽地一祠恭
이월춘분복초동 하성양지일사공

瓦家紅棟威嚴重 幽宅黃臺高訓顒
와가홍동위엄중 유택황대고훈옹

婦奪夫刀先自決 男投己骭唯邦墉
부탈부도선자결 남투기간유방용

壬申大節綿綿裏 樂道齋承萬世衝
임신대절면면리 낙도재승만세충

347. 경조사(敬祖祠)

경조사는 경기도 김포시 하성면 원산리에 있다.

조충숙공을 추모하는 곳이다.

공의 휘는 정익이요 자는 익지요 호는 낙도재이다.

고조의 휘는 우신이요 함양군수이다. 이참판을 증직받았다.

증조의 휘는 부요 승지였고 부제학 경주부윤이었다.

조의 휘는 창생이요, 고의 휘는 인이요 자호는 강호산인이다.

여러 번 불렀으나 나가지 않았고, 공암진가를 지어 불렀다.

유언을 남겨 경계하기를, 벼슬명을 쓰지 말라 하였다.

어머니는 전의 이씨로 통정현령이요 이참을 증직 받았던 위의 딸이다. 선조 기해년 11월 18일에 공을 낳았다.

공의 성품이 지극히 효성스러워서 아우와 더불어 여묘살이를 하면서 3년 상을 마치도록 죽만 마셨다.

인조 조에서 쌀을 주면서 부역을 면제해 주고, 세상의 추앙을 보였다.

병자호란 때에 청의 군대를 피하여 강화로 내려왔다. 다음해 정월 25일에 의로써 절개를 굽히지 않고 마니산 아래에서 투신하니 향년 39였다. 이판을 증직 받았다. 시호는 충숙이다.

부인은 예안 이씨로 부총관 예의 딸이다.

인조 정축년 정월 24일에 먼저 부군의 칼을 뽑아들고 자결하였다. 나이는 39세였다. 묘는 부군과 더불어 합장하였다. 간좌곤향이다.

인조 16년에 정려문을 표창했다.

오호라 평양 조씨 문중의 이름 있는 집이여, 여말 대절에 큰 엄지로다.

송산공의 아름다운 이름이여, 땅이름 사당이름으로 전해져 옴이로다.

칠대 손까지 이어지고 이어짐이여, 불혹의 나이를 다 채우지 못한 후손이로다.

내외의 절심으로 자결함이여 어느 성씨의 집안이 가능하겠는가.

기려 노래하노니,

춘분이 이미 지났는데도 추위가 아직 남아있고
하성 양지바른 땅에 한 사당이 공경스럽도다.
기와집 붉은 용마루는 위엄이 담겨있고
산소의 누런 잔디는 높은 가르침이 크도다.
부인은 남편의 칼을 뽑아 먼저 자결하니
남편도 몸을 던져 나라의 성이 되었도다.
임신년 큰 절개를 면면이 이어오는 속에
낙도재 정신은 만세에 이어 찔러 전하고 있도다. 전

억장이 무너진다
나라꼴 어이없다

같은 해 태어나서
같은 달 돌아가니

한 떨기 꽃다운 삶은
새빨갛게 아프다

욕천 최장호

반기는 눈물인가
겨울과 봄 사이 비

아내랑 동갑내기
가는 날 함께 가니

이보다 깊은 사랑은
어디에서 또 보리

노산당 전항아

앞선이[3] 곧은이[4]가
함께 저 슬프지만

이들이 같이 간 뜻
아시게 될 것이니

그 옛날 할아버지도
올곧다고 맞으리

갑고 홍영표

---

3) 앞선이: 매화꽃을 이르며 아름답고 올곧은 지조 있는 사람에 비유.
4) 곧은이: 대나무를 이르며 올곧고 지조 있고 지도력 있는 사람에 비유.

옛 할배 그리면서
살아온 나날인데

목숨이 아까우랴
뜻 같은 가시버시

즐기리 바른길로만
하 그래도 아깝다

안일낭 이원희

같은 해 태어나서
한 날에 함께 가니

뜻 맞은 가시버시
하늘의 짝이었네

아들아 서러워 말고
사는 맛을 배워라

설전 임준신

그대가 떠나시면
나 홀로 어찌하오

그대가 가신다면
내 먼저 가오리다

안팎의 아끼는 마음
더할 나위 없구나

우인 경우수

쌀쌀한 창가바람
녹이는 피리소리

옛 얘기 들어보자
아서라 그런 일이

요사한 나라지킴이
길이길이 기리리

가산 임봉훈

바른길 즐기려니
어려움 많았도다

한뜻인 안팎이라
끝까지 같이 갔네

옛 할배 뒤 이어이어
나라위한 삶이라

오남 이종관

몸이야 있건 말건
나라가 먼저인 걸

임께서 가신다면
내 먼저 가오리다

집안에 모셔온 충효
어찌하던 이으리

서천 조경휘

敬祖祠

안일당 이원희

白雪雰雰寒氣冬 霞城深谷一祠恭
瓦家檐末木魚併 紅柱檻頭鳴鵲顒
夫婦投身大節表 弟兄廬墓誠孝墉
後孫先祖守遺訓 忠肅英名千世衝

백설이 분분하니 한기가 겨울인데
하성 깊은 골에 한 사당이 공경스럽도다.
기와집 처마 끝엔 풍경이 나란하고
붉은 기둥 난간머리엔 우는 까치가 크도다.
부부 함께 자살함은 대절의 표시요
형제가 시묘살이 같이함은 성효의 보루로다.
후손들이 선조의 유훈을 지켰으니
충숙공의 꽃다운 이름 천세를 찔러 전하리로다.

敬祖祠

가산 임봉훈

颯颯窓頭笛越冬 霞城悲曲雅祠恭
德行志孝綿綿特 性命誠情切切顒
自決投身胡亂塞 貞忠夭壽守邦墉
傳來白衣檀民表 樂道齋號巨浪衝

쌀쌀한 창가에 부는 바람소리는 越冬의 鼓笛인데
하성에 비곡과 雅頌을 받들고 제사지내고 있었다.
덕행과 志節과 효성을 이어 이어짐이 특별하고
하늘이 준 목숨은 성정과 情性이 크고 절절하도다.
몸을 던져 자결하니 병자호란 때의 변방要塞였고
忠義따라 夭死한 목숨은 나라 지킴의 보루로다.
전하여 내려온 白衣는 배달나라 黎民의 表象이고
낙도재라 부르짖으니 四衝五達의 큰 물결이로다.

敬祖祠

오남 이종관

春雪紛紛嚴若冬 金陵幽谷古祠恭
檐端碧浪揚忠肅 檻外江風頌節顒
損命而隨倫理牒 殺身以禦危邦墉
旌閭晄晄千年赫 賜謚芳名萬世衝

춘설이 분분하여 엄하기가 겨울 같은데
김포 깊은 골에 옛 사당이 공손하구나.
처마 끝 푸른 물결소리는 충성찬양으로 엄숙하고
난간 밖 강바람은 절개 크다고 찬송하네.
목숨을 바쳐서 오륜의 법을 따랐고
몸을 던져 위태로운 나라의 성을 지켰도다.
정려는 빛나고 빛나 천년을 혁혁하리니
시호 받은 꽃다운 이름 천년만년 이어가리로다.

敬祖祠

서천 조경휘

春氣召花忘冽冬 一祠迎客霞城恭
單塋夫婦和沖永 多位祖先肅敬顒
遇亂捐身儒雅節 避凌併命閨房墉
家傳忠孝何承不 億世乾坤兀兀衝

봄기운 꽃 부르고 추운 겨울 잊을 때
한 사당 손님 초대 하성면이 공경스럽네.
부부 같이 묻힌 무덤 화목함 영원
여러 선조 위패 엄숙히 공경함 크네.
난리 만나 몸을 버리니 훌륭한 선비 절개
능멸 피해 남편과 함께 생명 같이한 부인의 보루.
집안 대대로 전해오는 충효 어찌 잇지 아니 하리오
길이길이 천지에 우뚝이 찌를 지어다.

경조사(敬祖祠)에서

세온마흔일곱 번째 한가락 모임
때 : 4352(2019)년 3월 23일, 토요일, 비(개임)
곳 : 경조사 - 경기도 김포시 화성면 원산리

오늘은 한가락 역사탐방 삼백마흔일곱 번째 경기도 김포시 하성면 원산리(京畿道 金浦市 霞城面 元山里)에 있는 충숙공(忠肅公) 조정익(趙廷翼)선생의 유적(遺蹟)을 찾아가는 날이다. 10시에 5호선 송정역(松亭驛)에서 만나기로 약속(約束)이 되어있고, 갑고(甲皐) 선생님을 모시고 가야하기 때문에 9시가 못되어 조금 일찍 집을 나섰다. 날씨는 조금 차가웠으나 공기는 그런대로 상쾌하다. 요즈음은 툭하면 중국에서 미세먼지가 몰려와 마스크까지 써야 하는 세상이 되고 보니 안경을 써야 하는 나로서는 여간 불편한 일이 아니다. 차를 몰아 길을 건너 갑고(甲皐) 선생님 댁으로 가니, 갑고 선생님은 미리 준비를 하고 계셨다. 갑고 선생님께 준비한 따듯한 캔 커피를 하나 권해드리고 나도 캔을 하나 따서 목을 축였다. 우리는 차를 몰고 잠실 로터리를 건너 올림픽대로로 들어서 김포(金浦)로 향했다. 오늘은 그래도 도로의 통행량은 그리 많지 않았다. 올림픽대로를 따라 쭉 달리디 행주대교에서 좌측으로 핸들을 돌려 김포 쪽으로 가다 좌회전해 조금 나아가다 U턴을 해 송정역 앞에 도착했다. 역에 막 이르기 전 노산당으로 부터 전화가 걸려왔다. 전화를 받고 곧 도착할 거라고 일러주고 바로 목적지에 도착하니 현장에는 이미 문광, 욕천, 한홍식 님이 나와 있었고, 이어 조금 이따 선생님이 오시고 서천이 차를 몰고 오고, 서정원 님이 이어 도착하여 10시가 조금 넘어 우리는 출발할 수 있었다. 평양 조씨 문중 승지공파 조대현 회장님께 일단 '우리 모임이 송정역(松亭驛)에서 출발했다'고 연락을 드렸다.

바람이 약간 차갑다. 김포는 한강이 서해로 빠져나가는 길목에서 강화로 이어주는 역할을 하며, 서쪽은 복병처럼 험하다는 손돌목과 북쪽은 개풍군에서 흘러나오는 조강(祖江)으로, 삼면이 물길에 둘러싸여 있다. 남동에서 북서로 길게 돌출한 김포반도는 오랜 침식작용으로 낮아진 평원에 한강 중상류와 지류에서 토사가 내려와 평탄하고 광활한, 경기도 유수의 곡창지대, 김포평야를 이룬다. 김포의 밀따리 쌀은 옛 부터 임금님 진상미로, 경인지방에 공급하는 쌀은 통진미로 이름이 높다.

현재 서울시 강서구 과해동에 속해 있는 김포국제공항은 1942년 일본군이 가미카제특공대 훈련장으로 개설하였는데, 변모를 거듭해오다, 1963년 양동면과 양서면이 서울로 편입되었고, 한강과 임진강이 합류하는 군사주둔지역 애기봉은 큰 종교행사가 있을 때마다 북녘 땅에 전하는 메시지를 이곳에서 보내지만, 그 가까이에 군사분계선이 있어 서글픔을 안겨준다.

김포는 고구려 때는 검포현, 신라 때는 김포, 조선 고종 때(1895) 군(郡)이 되었다. 1914년 통진부와 양천현을 흡수하여 김포군을 형성했으며, 1998년 김포시로 승격되어 지금에 이르고 있단다.

요사이는 소위 네비게이션이라 불리는 도로 안내기가 있어 어지간 한데는 대부분 이 기계의 도움을 받아 잘 모르는 지역도 쉬이 갈 수가 있다.

올림픽고속도로를 서쪽으로 1시간쯤 달려 약속시간보다 조금 일찍 목적지에 닿을 수 있었다. 문중 조회장님께 전화를 하니 조금 지나쳤다 하신다. 문중에서 차를 가지고 마중을 나와 차를 돌려 조금 뒤로 오니 경조사 입구에 아치형의 구조물 위에 승지공원(丞旨公園)이라 씌여 있다.

경조사(敬祖祠)는 단(段)위에 흰 벽으로 정면 삼 칸, 측면 두 칸의 홑처마의 팔작지붕으로 단정(端整)하다. 우리는 우선 묘소(墓所)에 참배(參拜)하기 위해 산소에 먼저 들리기로 하고 재실(齋室) 뒤 언덕으로 향했다. 산은 별로 높지는 않았지만 중관(中觀) 선생님과 갑고(甲皐) 선생님께는 쉬운 일이 아니었다. 중관(中觀) 선생님과 갑고(甲皐) 선생님은 회원들이 부축을 하여 모시고 겨우 오를 수 있었다. 먼저 이곳 하성(霞城) 입향조(入鄕祖)이신 승지공(丞旨公)의 묘소를 참배하고, 이어 오늘 탐방의 주인공이신 충숙공(忠

肅公)의 묘소를 찾았다. 충숙공(忠肅公)의 묘소(墓所)는 승지공(丞旨公) 묘소(墓所) 왼쪽 능선(稜線)에 역시 간좌 곤향(艮坐 坤向)으로 즉 서북에서 남서향으로, 산세가 뒤에는 산들이 병풍(屛風)처럼 둘러져 있고 앞 벌판이 넓다랗게 확 트인게 풍수(風水)를 모르는 사람이 보아도 단번에 명당(明堂) 길지(吉地)가 아니지 않음을 알게 한다. 묘소(墓所)는 조선의 양식(樣式)으로 원분(圓墳)에 호석(護石)이 둘러쳐있고 왼쪽에는 갓을 씌운 흰 비석이 측면(側面)을 향(向)해 서있다. 역시 우리는 여기서도 옷깃을 여미고 충숙공(忠肅公)에 대한 예(禮)를 묵념(默念)으로 올리고 여기에 온 것을 기념(記念)하기 위하여 기념촬영을 했는데 마침 빗방울이 떨어졌다. 선생님께서는 충숙공(忠肅公)께서 서울에서 손들이 와 나를 기려주니 이에 대한 기쁨의 눈물이 아니냐고 하시는데 정말로 그럴듯하신 말씀이다.

우리는 산을 내려와 재실(齋室)로 향했다. 재실로 들어서니 재실 맞은편이 커튼으로 가려져있는데 커튼을 여니 이곳 하성 입향조이신 승지공(丞旨公)의 위패(位牌)를 주벽(主壁)으로 그 아래로 여러 단으로 나뉘어 나란히 위패(位牌)들이 모셔져 있다. 우리는 여기서도 나란히 하고 위패단에 묵념으로 예(禮)를 올리고 자리를 잡고 앉았다. 우선 우리 모임에 대하여 간단히 소개를 하고 선생님이 준비하신 자료(資料)를 가지고 공부에 들어갔다.

공의 자(字)는 익지(翼之)이고 본관(本貫)은 평양(平壤)으로, 고(考)는 자호(自號) 강호산인(江湖山人)으로, 조정(朝廷)에서 불러도 나아가지 않고 공암신가(孔巖津歌)를 지어 직명(職名)을 쓰지 말라는 유계(遺戒)를 내린 인(寅)이며, 선조(宣祖) 기해(己亥) 11월 18일생으로 어려서부터 자질(資質)이 고상(高尙)하고 기개(氣槪)가 준수(俊秀)하였고, 용모(容貌)가 단정(端整)하고 수려(秀麗)하였다. 젊어서 장옥(場屋 : 과거 시험장)에서 명성(名聲)을 떨쳤고 옛사람의 대절(大節)을 흠모하였으며, 독실히 배우고 힘써 행동하면서 호(號)를 낙도재(樂道齋)라고 하였다. 집안에서의 행실(行實)도 빠짐없이 순수하게 갖추었고, 부모가 돌아가자 여묘(廬墓)에서 삼년상을 마쳤으며, 손수 도구들을 장만하여 제사하였는데, 조금이라도 마음에 부족함이 없게 하였다 한다.

충숙공(忠肅公)의 선조 송산공(松山公)은 죽은 후에 신조의 관작(官爵)을 쓰지 말라 당부했는데, 후손들이 후환(後患)이 두려워 개국이등공신 조견지묘(開國二等功臣 趙狷之墓)라고 썼는데 그날 밤 벼락이 쳐 개국이등공신(開國二等功臣)이라는 글자만 부서졌다는 이야기는 이미 유명하다.

충숙공(忠肅公)은 병자년(丙子年, 1636년 인조 14년) 호란(胡亂)에 강도로 피난을 갔다가 오랑캐들이 대규모로 들이닥치자 그의 아내에게 '우리 집안은 대대로 충효(忠孝)로써 전해왔으니, 국난(國難)에 구차하게 목숨을 부지하려면 되겠오?' 하고, 허리에 차고 있던 칼을 빼들어 스스로 찌르려고 하였는데, 부인 이씨가 급히 먼저 칼을 빼앗아 스스로 자결(自決)하여 공(公)보다 먼저 죽으니, 이에 공(公)이 부인을 염습(殮襲)하자마자 호병(胡兵) 밀려와 핍박 하였으나 공(公)은 분개(憤慨)하여 그들에 대항(對抗)하며 굴복(屈伏)하지 않자, 마침내 적이 마구 때리고 활을 쏘았는데, 공(公)은 그 틈에 스스로 골짜기에 뛰어내려 자결(自決)하였다.

공은 정축년(丁丑年, 1637년 인조 15년) 정월 25일에 죽었고, 이씨 부인은 그 하루 전에 죽었다. 그 일이 조정에 알려지자 정려(旌閭)를 세워 표창하였고, 뒤에 공을 포상하여 좌승지(左承旨)에 추증(追贈)하였으며, 이씨 부인은 그에 따라 숙부인(淑夫人)에 봉해졌다.

자료 끝에 붙이신 찬시(讚詩)와 시조(時調)의 해석(解釋)과 창(唱)으로 오늘 공부는 마쳤다. 문중에서는 점심을 내시겠다고해서 우리는 문중의 안내로 하성면의 신촌회관으로 옮겨, 이집의 대표음식인 갈비탕으로 맛있는 점심을 대접 받았다. 우리는 고맙다는 말을 박수로 화답했다. 오늘 문중에서는 회장 조대현 님을 비롯하여 고문 조한웅 님, 명예회장 조백현 님, 사무총장 조재환 님, 부회장 조한준 님, 조한섭 님, 이사 조재길 님이 같이 공부에 참석하여 더욱 뜻 깊은 행사가 되었다. 우리는 식사를 마치고 다음번 출판 기념회 때 초대하겠다고 작별 인사를 하고 오늘 행사를 마치고 서울로 향했다.

우인 경우수 씀.

엮고 나서

봄바람은 불고 있는데 내안엔 무엇이 있는 건가?

갑자기 눈앞이 흐리한 것이 나는 누구인지, 무엇을 해야 하는지 안개 속을 해매고 있다.

어깨 짐이 버거웠기에 느껴지는 현상이겠지만 정말 나 자신 하나도 다스릴 수가 없다.

나 하나 경영하기도 힘들다는 생각이 들고, 하물며 나 자신하고 한 약속도 자꾸만 어기게 되는, 철없이 게으름을 피우며 살고 있으니….

재충전이 필요한 시기가 온 것 같다.

온 산천은 봄맞이로 산통을 겪으며 꿈틀대고 있고, 살랑이는 봄바람은 나의 잠든 뇌를 깨우고 있으니, 나 또한 활력을 찾아야겠다.

한가락 29집을 엮으면서, 짐점 책갈피가 얇아져 가고 있어 나의 가슴 또한 조여들고 있다.

90이 훌쩍 넘으신 노 스승께선 열정이 넘치시는데 오히려 회원들이 그 열정을 따르지 못하여 송구스럽다.

불철주야 회원들의 안위를 걱정하시는 중관선생님께도 죄송할 따름이다.

언제나 포기하지 않으시고 보듬어 앉으시며 오늘도 자료준비로 애쓰시는 우리 중관선생님께 두손 모아 감사드리며….

우리 한가락 회원님들 힘내셔야 합니다.

30집을 위하여 새로 시작해보는 겁니다.

회원님들 모두 수고하셨습니다.

총무 전향아 씀.

◆ 부록

歷史探訪講論資料

차례	곳	고을	사람	어떤 이
336	通亭公墓	경기 연천	姜淮伯	여말·선초 선비
337	月亭公墓	경기 안양	柳廷顯	〃
338	鶴蘭齋	경기 이천	朴蘭英	조선 선비
339	北窓公墓	경기 양주	鄭 磏	〃
340	阿干公墓	경기 이천	徐神逸	신라 선비
341	舞雩亭址	〃	李聖任	조선 선비
342	六槐亭	〃	嚴用順	〃
343	珍山公墓	경기 여주	慶 絹	〃
344	藥泉公墓	경기 용인	南九萬	〃
345	芝村公墓	경기 남양주	李喜朝	〃
346	開谷齋	경기 김포	林繼楨	고려말 선비
347	敬祖祠	〃	趙廷翼	조선 선비

通亭公墓

通亭公墓在京畿道漣川郡旺澄面江內里公姓晉州姜氏諱淮伯字伯父號通亭也高祖諱師贍監察御史曾祖諱昌貴慶州永川判官祖諱君寶門下侍中考諱蓍門下贊成事妣晉州河元正公楫女以高麗恭愍王六年丁酉生公也自幼穎敏讀書一過輒記登第後歷華職至政堂文學兼大司憲會季弟淮季以杆城王駙馬革命前四日被殺革命日公收其職貼決杖一百流于遐方弟淮仲竊父而逃隱居高陽高峯山下其後新朝累徵不就也王子亂後太祖在咸興特太宗以東北面都巡問使召公託重任也然未獨不釋父之大怨猶被害爲不歸之身也時太宗二年壬午享年四十六也嗚呼咸興差使之胎動哉可以爲咸殺京使也哉孰一敢言此事乎但以無學大師周旋安葬於蓮花浮水明堂也前有百杖遠流今後爲都巡問使哉以孝先於忠故也哉讚曰

昔日王宮何亂麻　漣川江內一墳楇
臺風飛薇將軍訓　蓮藕浮淵名釋牙
父子相生和合導　汝吾反背別離叉
玄黃天地悟悛裏　處處人人望美葩

月亭公墓

月亭公墓在京畿道安養市飛山洞衣美安村後山南麓公諱廷顯字汝明文化柳氏高祖諱璥中贊門下有安珦也曾祖諱陞孝子旌門祖諱墩大提學考諱鎭文化君以高麗恭愍王四年乙未生公自幼出衆出仕歷內外華職至密直司右左代言及壬申變易以前朝臣不服放置遠方也國初民心恟恟以爲賴於元臣急招公全羅道都觀察使忠淸道都觀察使東北面都宣撫處置使等次出仕以元桂婿爲姻親故也其後以都統舟師肅淸島夷之功眞大哉

公爲人歷各曹判書至領議政嚴毅果斷謙約謹愼論議剛正無所忌避也世宗八年丙午五月十五日戊申考終于家享年七十二也諡曰貞肅配貞敬夫人鄭氏西原伯顗女繼配和敬宅主李氏完山君元桂女也嗚呼公之墓失傳以力求之誠發現哉方墳麗制之意深藏今孰敢開口言乎其志寬簡哉讚曰

立夏已過小滿陽　飛山洞後一墳塘
再封舊制儼宅戀　層屋前庭如近藏
變易渦中流遠地　擊倭險處引先槍
失傳曲折勿聞裏　昔日阿衡民本香

鶴蘭齋

鶴蘭齋在京畿道利川市戶法面梅谷里有忠肅
公追慕處也公諱蘭英字馨伯高靈人高祖諱永老
進士曾祖諱禮達贈通禮祖諱敢贈戶曹參判考諱
宗秀贈刑曹判書妣全義李氏監察希騫女以宣祖
八年乙亥生公天品英俊忠義出家嘗通達騎馬射
術兵書文科後歷宣傳官及諸郡至別將出征金爲
捕虜丁卯年和約後歸還及南漢山城功防以王子
僞裝事件被殺仁祖十四年丙子十二月九日享年
六十二也後贈補國崇祿大夫議政府領議政命禮
葬顯宗忠臣旌閭諡忠肅也配文化柳氏贈貞敬夫
人參軍堰女子坐午向合祔也嗚呼羅王朴門宗源
兮雲仍繁衍高靈哉子坐午向明穴兮爲人奉事獻
身哉甲坐庚向星穴兮守暮闢曉長聖哉梅谷敦室
龍穴兮四君子之先導哉爲國授命謂忠兮執心決
斷謂肅哉忠忠肅肅最高兮萬古史上無雙哉讃曰

子午向方比甲庚　利川陽地一墳宏
幽宮梅谷坐心合　鎭嶽雪峰來脈明
別將對金爲捕虜　僞裝王族授餘生
贈官領相諡忠肅　誰有追從無限榮

北窓公墓

北窓公墓在京畿道楊州市山北洞公諱磏字士潔溫陽鄭氏也高祖諱袍知高城郡事曾祖諱忠基校理祖諱鐸獻納考諱順朋右議政妣完山李氏鳳陽都正終南女以中宗元年丙寅三月十日甲申生公自幼神異三十二歲進士雅曉音律尤邃於天文地理卜筮貫通儒佛仙三教方外工夫無不歷驗特除藥醫術有能朝廷薦除掌樂院主簿兼觀象監惠民署敎授出爲抱川縣監未久辭還也一日在山寺山下百里內閭巷間所爲飮食起居言語無不通知也又一日作歌自挽曰一生讀破萬卷書一日飮盡千鍾酒高談伏羲以上事俗說從來不掛口顔回三十稱亞聖先生之壽何其久仍坐化年四十四時明宗四年己酉七月十六日後贈提學諡章惠也配晉州柳氏學生仁榮女生二男一女也嗚呼銀鬚雲鶴今震域眞人哉天下風流今豈無時調哉仙哉讚曰

小暑山河眞綠青　楊州泉谷一墳靈
深林蘿木枝枝遜　遺訓碑言句句亭
敎授縣監終宦路　淸溪冠嶽用醫廳
天文地理儒仙佛　無不通知史上馨

阿干公墓

阿干公墓在京畿道利川市夫鉢面山村里孝養山負子之原公諱神逸東國諸徐之鼻祖也得姓淵源錄曰箕子四十二代孫箕準避居利川徐河城故其後因姓徐又曰新羅開國功臣徐豆羅之後也公以新羅憲德王九年丁酉生風成仕羅季至阿干及老年與弟神通退居孝養山下世稱處士以教授後學爲己任也七十四歲當喪配無嗣以諸人勸誘娶陝川洪氏諱贇女焉一日公率家僮課春田有鹿帶箭奔投公拔箭傅藥匿之稾席之中終得生也其後孝恭王五年辛酉得一男是諱弼大匡內議令孫諱熙太保內史令曾孫諱訥三重大匡內史令如此代代顯彰也孝恭王六年壬戌卒享年八十六也嗚呼歌曰鹿麑愛恤處士兮雖賤動物命貴哉阿干兄弟定着兮子孫出家名聞哉本高句麗南川兮高麗太祖兮名哉利涉之故爲名兮郡人徐穆導之哉讚曰

三伏已過熱氣蒸　利川夫鉢一墳兢
衣龍南面朝山禮　虎脈西流大野騰
宦路阿干王室佐　老年處士學生膺
如何微物全天命　嚴訓銘心萬世稱

舞雩亭址

舞雩亭址在京畿道利川市大月面郡梁里李月村公追慕處也公諱聖任字居重全州人高祖諱有康曾祖諱茂昌祖諱禹年考諱訓妣高靈朴氏彥女以朝鮮明宗十年乙卯生公自幼特異泣聲小笑顏多及長挾冊多讀九流六藝無所不通世人謂之五玉先生蓋謂容貌文辭言論歌聲筆翰之才特出之目也宣祖丁丑年二十三歲登科歷翰林應教江原慶尚黃海道監司壬辰年以射藝助力申砬將軍與鄭文孚將軍又以書狀官從行聖節使於明也宣祖二十七年甲午九月十八日卒不惑之年哉贈大匡輔國崇祿大夫議政府領議政也配廣州李氏恪女與夫君同年生以夫君後四年戊戌四月十九日卒也嗚呼琴瑟友之兮鐘鼓樂之哉今郡梁里兮洋屋一棟哉稱名月村兮自然石碑哉去戊申亂兮舊亭遇燒哉復元六角兮昔日戀戀哉舞雩亭福也讚曰

名世風流何處尤　利川大月一亭存
舞雩稱號古人傳　金氏記文前日懷
五玉丈夫男表象　七年外亂國忠矛
少論根址雖當害　六楠雲中昨主還

六槐亭

六槐亭在京畿道利川市栢沙面道立里嚴南塘公追慕處也公諱用順字孝仲寧越人祖諱山壽司直甲子士禍被害考諱訓繕工監奉事甲子士禍避利川妣仁同張氏以生公自幼穎異中宗朝司馬試己卯士禍後不屑仕路養親至孝書琴自娛以講明斯道爲己任大歸故鄉築亭鑿池植六槐自號南塘日日吸塘中荷香吟亭中清風也當時與巨儒慕齋金安國蔡亭姜隱溪山吳慶逸隱任鼐臣斗文成聃齡吟風弄月學文講論之處也故世稱六槐六賢也

配安東權氏縣監景祚女墓利川外發我孫酉坐合窆也壬亂時殉節忠臣嚴惟尹旌門推奉於亭內即南塘公孫也此亭至今以鄉土遺跡第十三號指定也嗚呼六賢新進士類今己卯士禍隱遯哉記念植樹六槐今以義結友傳意哉特調一首無傳今當時六名倘嗅哉愛惜也六槐之情今世世綿綿哉讚曰

寒露山河楓色侵　利川幽谷一亭欽
槐名相號持高潔　忠表旌門抱貴琳
士禍落鄉遐宦路　講論古典樂儒任
六人後裔承先業　萬世遺傳眞價琛

珍山公墓

珍山公墓在京畿道驪州市興川面上白里公諱綿字致遠清州慶氏也五代祖諱復興高麗末門下侍中清原府院君高祖諱儀西北面兵馬都節制使兼平壤尹曾祖諱習保義將軍龍驤巡衛司大將軍兼司憲中丞祖諱餘贈嘉善大夫兵曹參判考諱由亨通訓大夫朔寧郡守妣清州楊氏嘉靖大夫同知敦寧府事厚女以生公自幼出家恒披史書交年長者早中武科以能射御屬內禁衛後出守龍川郡吏民懷畏政可觀也及考滿還父老攀轅流涕又珍山郡守時方將施惠忽不祿哉性孝事親常務安其心居家不治產業卒年五十也配丹陽張氏自仁女生於世宗二十五年癸亥卒於中宗二十七年壬辰九月二十二日享年九十也嗚呼前朝門閥於侍今新朝遠宦樂書哉但於肇業崇武今國防先於內治哉自一至十皆授令不望善答珍山哉眞珍山也讚曰

戊戌立冬搜援覃　驪州深谷一墳譚
雙封坐向懷鄉戀　兩代直孫階下闇
暫許宦情輕不祿　平生信操重無慚
眞人達士居何處　胥乃竹衣大響谽

藥泉公墓

藥泉公墓在京畿道龍仁市處仁區慕賢邑草芙里公姓宜寧南氏諱九萬字雲路號藥泉又美齋也高祖諱彥純左丞旨兵曹參議咸鏡道兵馬節度使曾祖諱柁軍器僉正贈兵曹判書祖諱烒平康縣監贈左贊成考諱一星金城縣令贈領議政妣安東權氏嘉善府使晬女仁祖七年己巳以生公幼而穎敏宋浚吉門人二十八文科歷諸華職至領議政其間以少論領袖流配於南海江陵等地禧嬪張氏賜藥後投紱歸鄉卽龍仁葛潭里至今不祧廟復元鄉土文化遺跡第五十三號指定也公文章書畫有能藥泉集外多碑文額字肅宗三十七年辛卯三月十七日卒享年八十三諡文忠也配東萊鄭氏持平修女又驪興閔氏節度使昇女嘗時調一首曰東窓欲昉乎從鳥犬鳴矣養飾牧童今至今不起哉越峙長畝也何暇盡耕焉嗚呼東窓欲昉今萬古教訓哉讚曰

飮食多中最貴鹽　龍仁涂谷一墳謙
金臺石物至誠濫　坤向案山遐伏嚴
領相危階君子裕　東窓時調儒宗鐵
眞人處處廣歌裏　千萬年年不朽恢

芝村公墓

芝村公墓在京畿道南楊州市榛接邑富平里公諱喜朝字同甫號芝村又艮菴系延安李氏也高祖諱啓縣令曾祖諱廷龜大提學左議政有時調一首祖諱明漢大提學都承旨吏曹判書有時調八首考諱端相副提學妣全義李氏行遠女以孝宗六年乙未二月二十六日生公自幼已儼若成人遺逸出仕歷中外諸職掌樂院正待海州牧使時築瑤琴亭於石潭讚栗谷風流也辛壬士禍流靈巖移鐵山之道中終定州享七十年也謚文簡贈左贊成至今本邑內閣里有太極亭也此可謂公之尋閑清遊風雅表象也配安東金氏領議政壽興女墓合祔也著書有大歸說芝村集三十二卷尤書節要朱子大全箚疑朱陸同異輯覽宋元明節要五先生書節要海東儒先錄續經筵故事也嗚呼一門兩代時調今清遊風雅可法哉處處留墟亭榭今儒風振作可賞哉讚曰

幽兆探尋冬月咸　楊州深谷一墳鑑
來龍坐向明堂穴　名士筆銘神道瑊
清節諸官終遠配　尤庵門下聞稱嚴
赴任留處築亭裏　文藝家風眞大嶄

開谷齋

開谷齋在京畿道金浦市月串面開谷里林學士公追慕處也公諱繼植扶安人高祖諱敬世匡靖大夫僉議贊成事上護軍不就曾祖諱淑金紫光祿大夫純誠輔節佐理功臣謚恭惠祖諱大光三重大匡保安君輔國崇祿大夫領議政考諱得成中訓大夫司宰監正妣驪興閔氏奉常大夫威衛少尹成進女以生公在麗末文章德望著於當世名齊稼牧壬申變易守不二大節與翰林院閔愉朱士雍挈家退于汾津卜築于開野里新朝數徵公以前朝世臣無意仕進杜門不出掃跡以終老時論薦公文學特除長湍教授公以疾亂不赴復有安邊之命公竟不起其勁節精忠光爭日月氣亘天地可以師表百代俎豆于秋也配寶城宣氏副司正處恭女墓開谷里獨谷乾坐合祔也嗚呼陽地焉麗末守節學士今閔林朱氏三人哉禮成江舟從風今漢江河口遯跡哉讃曰

春日和風發大東　停車金浦一齋瓏
三門瓦閣丹青麗　十丈烏碑文筆崇
舊國翰林攜手隱　新朝禮辟不應聯
猶心何處探其訓　太夢義人開谷通

敬祖祠

敬祖祠在京畿道金浦市霞城面元山里趙忠肅公追慕處也公諱廷翼字翼之號樂道齋高祖諱又新咸陽郡守贈吏曹參判曾祖諱溥承旨副提學慶州府尹祖諱昌生考諱寅自號江湖山人以屢徵不就作孔巖津歌遺戒勿書職名妣全義李氏通政縣令贈吏參韓女以宣祖己亥十一月十八日生公性至孝與弟廬墓啜粥以終喪制仁祖朝賜米復戶以學行見推於世丙子胡亂避兵于江華翌年正月二十五日義不屈節自決于摩尼峰下投身享年三十九也贈吏判諡忠肅配禮安李氏副摠管濬女仁祖丁丑正月二十四日先奪夫君之刀自決壽三十九也墓在與夫合窆艮坐坤向仁祖十六年命旌閭也嗚呼平壤趙門名閥今麗末大節巨擘哉松山公之雅號今地名祠名傳來哉七代間隙綿綿今不忘末滿後孫哉內外節心自決今何姓家風可能哉讚曰

己越春分伏杪冬　霞城陽地一祠恭
瓦家紅棟威嚴重　幽宅黃臺高訓顯
婦奪夫刀先自決　男投己躬唯邦墉
壬申大節綿綿裏　樂道齋承萬世衡

한가락 찾아간 차례

역사탐방 347회

4323. 4. 29 ~ 4352. 3. 23

한가락 모임

한가락 모임

▸시 작

중관 최권홍 선생님으로부터 한문공부를 하던 사람들이, 어느 날 모여서 한문공부의 목표를 이야기하던 중, 한문공부는 우리의 과거사를 알기 위해서이고, 우리의 과거를 바르게 알지 못하고서는 남의 앞에 서는 지도자가 될 수 없고, 지도자란 바로 우리의 옛 선비 정신을 갖추어야 되는데, 바로 그 옛 선비의 멋 중에는 시조라는 풍류가 있다는 것을 알게 되었다.

벽고, 고룡, 욕천, 노산당 등 12명이 뜻을 모아 따로 한문공부를 계속하여 우리의 역사를 올바르게 알며, 또 시조공부를 통해 선비로서의 멋까지도 아울러서 남을 이끄는 지도자로서의 소양도 길러보고자 역사의 현장 즉, 우리 역사 속에서 남달리 훌륭한 지도자적 삶을 살다간 분들의 유적지를 찾아가 그 정신을 시조로 읊어보고자 했다.

1990년 4월 29일, 중관 선생님을 모시고 경기도 포천군 신북면 고일리 왕방산 밑에 있는 고려말 절의충신 성여완 이헌 묘를 찾아가 시조를 읊고, 모임의 이름을 '한가락'이라 선생님께서 붙여주셨다.

▸활 동

주례활동 – 매주 목요일 19시~21시, 역사공부, 시조공부.

월례활동 – 매월 첫 토요일, 역사탐방을 통해 현장에서의 역사공부와 시조 지어 읊기로 시조의 원형 되살리기.

연례활동 – 매년 4월 29일, 시조집 발간 출판기념회 및 연구발표.
* 현재 역사탐방 347회로 한가락 시조집 1~29집과 기타 연구집 32권을 출간함.

차례	곳	사 람	어떤 이	고 을	날 짜	한가락
1	怡軒墓	成汝完	고려 말 절신	경기 포천	4323. 4. 29	제1권
2	金水亭	楊士彦	조선조 선비	경기 포천	5. 27	〃
3	洗心亭	趙 昱	〃	경기 양평	6. 24	〃
4	寶山亭	朴 禎	고려 말 절신	경기 양평	7. 22	〃
5	聽松墓	成守琛	조선조 선비	경기 파주	9. 09	〃
6	壯節公墓	申崇謙	고려 개국공신	강원 춘천	10. 14	〃
7	耘谷墓	元天錫	고려 말 절신	강원 원주	11. 11	〃
8	牧隱墓	李 穡	〃	충남 서천	12. 09	〃
9	觀瀾亭	元 昊	조선조 생육신	충북 제천	4324. 1. 03	〃
10	採薇亭	吉 再	고려 말 절신	경북 구미	2. 03	〃
11	氷玉亭	金令貽	고려 말 충신	충북 영동	3. 17	〃
12	邀僊亭	楊士彦	조선조 선비	강원 영월	4. 01	제2권
13	避世亭	趙 紳	고려 말 절신	충북 괴산	5. 26	〃
14	紫薇亭	李 午	〃	경남 함안	6. 30	〃
15	東皐亭	李英吉	조선조 선비	충북 청원	7. 28	〃
16	月巖亭	金 澍	고려 말 절신	경북 선산	8. 25	〃
17	獨守亭	全新民	〃	전남 담양	9. 08	〃
18	返舊亭	權 定	〃	경북 영주	10. 06	〃
19	永思亭	劉 懽	〃	경남 거창	11. 10	〃
20	花樹亭	具 鴻	〃	대구 북구	12. 01	〃
21	隅谷亭	鄭 溫	〃	경남 진주	4325. 1. 11	〃
22	教授亭	趙承肅	〃	경남 함양	2. 09	〃
23	陟西亭	洪 魯	고려 말 충신	경북 군위	3. 08	제2권

차례	곳	사 람	어떤 이	고 을	날 짜	한가락
24	洗心亭	南知言	조선조 선비	충북 영동	4325. 4. 12	제3권
25	南下亭	金 佇	고려말 충신	경북 예천	5. 05	〃
26	永慕亭	愼義連	조선조 효자	전북 진안	6. 14	〃
27	醉石亭	金景憙	조선조 선비	전북 고창	7. 05	〃
28	梅鶴亭	黃耆老	〃	경북 선산	8. 24	〃
29	梅菊亭	李兆年	고려 말 선비	경북 고령	9. 20	〃
30	越松亭	李 行	고려 말 충신	경북 울진	10. 03~04	〃
31	草澗亭	權文海	조선조 선비	경북 예천	11. 01	〃
32	臥仙亭	太白五賢	〃	경북 봉화	12. 06	〃
33	洗川亭	吳國華	고려 말 절신	경북 의성	4326. 1. 10	〃
34	三詠亭	柳漢禎	조선조 선비	경북 군위	2. 07	〃
35	如此亭	張 㝥	〃	경북 구미	3. 07	〃
36	天雲亭	李萬敷	〃	경북 상주	4. 18	제4권
37	丹丘館	金 後	고려 말 절신	경남 산청	5. 16	〃
38	詠歸亭	金光粹	조선조 선비	경북 의성	6. 13	〃
39	江昌閣	全文軾	고려 말 절신	전북 진안	7. 04	〃
40	萬景亭	尹師晳	조선조 선비	충북 청원	8. 22	〃
41	松谷祠	柳方澤	고려 말 절신	충남 서산	9. 19	〃
42	睡仙亭	宋眞儒	조선조 선비	전북 진안	10. 17	〃
43	望京樓	閔安富	고려 말 절신	경남 산청	11. 07	〃
44	魯岡齋	柳 藩	〃	경남 합천	12. 05	〃
45	龍浦齋	申 祐	〃	경북 의성	4327. 1. 09	〃
46	種善亭	琴應石	조선조 선비	경북 봉화	2. 06	제4권

차례	곳	사 람	어떤 이	고 을	날 짜	한가락
47	景德齋	姜淮仲	고려 말 절신	경기 고양	4327. 3. 06	제4권
48	歸來亭	申末舟	조선조 선비	전북 순창	4. 10	제5권
49	瑞雲齋	全五倫	고려 말 절신	강원 정선	5. 08	〃
50	枯松亭	金忠柱	조선조 선비	경기 시흥	6. 12	〃
51	景杜齋	金沖漢	고려 말 절신	전북 남원	7. 03	〃
52	居然亭	全時敍	조선조 선비	경남 함양	8. 21	〃
53	永慕齋	金士廉	고려 말 절신	충북 청원	9. 11	〃
54	德川齋	柳興龍	조선조 선비	충북 청원	10. 16	〃
55	尋源亭	鄭芝榮	〃	경남 함양	11. 06	〃
56	大承齋	崔 瀁	고려 말 절신	전북 완주	12. 04	〃
57	高德齋	李養中	〃	경기 광주	4328. 1. 15	〃
58	醉睡亭	金可行	〃	경남 거창	2. 05	〃
59	基洞書院	李 瓊	〃	경남 거창	3. 05	〃
60	建溪亭	章大莊	〃	경남 거창	4. 02	제6권
61	成仁堂	朴可權	〃	경북 성주	5. 07	〃
62	永慕齋	玄王亮	〃	경북 예천	6. 04	〃
63	靖慕齋	金五行	〃	전북 고창	7. 02	〃
64	慕松齋	崔 淸	〃	경기 양주	8. 20	〃
65	五柳書社	朴 愈	〃	충남 예산	9. 17	〃
66	崇德齋	晉于蘭	〃	전북 남원	10. 01	〃
67	敬慕齋	李攀桂	〃	강원 횡성	11. 05	〃
68	三松齋	朴宜中	〃	전북 김제	12. 03	〃
69	漁隱齋	卜渭龍	고려 말 절신	충남 홍성	4329. 1. 07	제6권

차례	곳	사 람	어떤 이	고 을	날 짜	한가락
70	崇慕齋	殷莘尹	고려 말 절신	경기 용인	4329. 2. 04	제6권
71	繼敬齋	金世英	〃	전북 부안	3. 03	〃
72	孝思齋	裵尙志	〃	경북 안동	4. 07	제7권
73	時思齋	晉如蘭	〃	전북 남원	5. 05	〃
74	聚遠亭	全 淑	〃	충북 옥천	6. 02	〃
75	景義齋	沈元符	〃	경북 청송	7. 07	〃
76	駒城齋	李中仁	〃	경기 용인	8. 18	〃
77	桑村齋	金自粹	〃	경기 광주	9. 08	〃
78	慕先亭	朴 翊	〃	경남 밀양	10. 06	〃
79	淸襟亭	李 致	〃	경남 합천	11. 03	〃
80	景慕齋	田貴生	〃	충남 홍성	12. 01	〃
81	隨日齋	金 濟	〃	경북 상주	4330. 1. 05	〃
82	景慕齋	玉斯溫	〃	경남 의령	2. 02	〃
83	退隱亭	李 薿	〃	경북 영주	3. 02	〃
84	舞雩亭	蔡貴河	〃	경북 상주	4. 06	제8권
85	龍湖齋	范世東	〃	광주 북구	5. 04	〃
86	墨井書院	申德隣	〃	충북 청원	6. 01	〃
87	永慕亭	林 卓	〃	전남 나주	7. 06	〃
88	岐谷亭	林蘭秀	〃	충남 연기	8. 17	〃
89	聽之亭	鄭 熙	〃	광주 서구	9. 07	〃
90	景忠齋	都 膺	〃	충남 예산	9. 28	〃
91	白松齋	安 俊	〃	경북 예천	11. 02	〃
92	崇義齋	白 莊	고려 말 절신	전북 장수	12. 07	제8권

차례	곳	사 람	어떤 이	고 을	날 짜	한가락
93	日新齋	盧俊恭	고려 말 절신	광주 북구	4331. 1. 04	제8권
94	扶陽齋	金居翼	〃	충남 부여	2. 01	〃
95	麗日齋	孔 僖	〃	전남 여수	3. 01	〃
96	風浴樓	成 溥	〃	전북 고창	4. 12	제9권
97	鶴陰齋	曺繼芳	〃	경남 창녕	5. 10	〃
98	永慕齋	程 廣	〃	광주 서구	6. 14	〃
99	常山齋	宋匡輔	〃	충북 진천	7. 05	〃
100	開雲齋	金先致	〃	경북 상주	8. 23	〃
101	齋洞書院	宋 侃	단종 충신	전남 고흥	9. 06	〃
102	懿德祠	車原頫	고려 말 절신	경기 평택	10. 11	〃
103	瞻慕齋	金九鼎	〃	경북 상주	11. 01	〃
104	直山齋	林 鷺	〃	경북 예천	12. 06	〃
105	松月祠	林先味	〃	전남 화순	4332. 1. 10	〃
106	松塢墓	金承露	〃	충남 연기	2. 07	〃
107	麗窩墓	徐 甄	〃	경기 의왕	3. 07	〃
108	道淵書院	許 麒	〃	경남 고성	4. 11	제10권
109	務安齋	兪 蕆	〃	경기 양주	5. 02	〃
110	崇義齋	張輔之	〃	경북 의성	6. 13	〃
111	月峴祠	朴 忱	〃	전남 영광	7. 04	〃
112	南谷齋	李釋之	〃	경기 용인	8. 22	〃
113	嵋南齋	趙 瑛	〃	전북 순창	9. 12	〃
114	謙川書院	趙 瑜	〃	전남 순천	10. 03	〃
115	華巖書院	白仁寬	고려 말 절신	대구 북구	11. 14	제10권

차례	곳	사 람	어떤 이	고 을	날 짜	한가락
116	享保齋	梁 祐	고려 말 절신	전북 남원	4332. 12. 05	제10권
117	淸溪書院	鄭天益	고려 충신	경남 진주	4333. 1. 09	〃
118	錦南齋	吳尙德	고려 말 절신	전북 남원	2. 13	〃
119	大興君墓	李連桂	〃	경북 의성	3. 05	〃
120	塹星壇	檀 君	개국 시조	인천 강화	4. 02	제11권
121	忠孝齋	李義碩	단종 충신	충북 청원	5. 07	〃
122	松軒墓	薛 馮	고려 말 절신	경기 용인	6. 04	〃
123	慕先齋	金允南	〃	경기 파주	7. 02	〃
124	白頭山	桓 雄	개천 상조	함경도	8. 04~06	〃
125	心源亭	全春源	조선조 선비	경남 거창	9. 03	〃
126	汾水齋	尹 瓘	고려 장군	경기 파주	10. 01	〃
127	山泉齋	李思敬	고려 말 절신	경북 김천	11. 05	〃
128	慕先齋	元 宣	〃	경기 의정부	12. 03	〃
129	斗山齋	許有全	고려 충신	인천 강화	4334. 1. 07	〃
130	忠慕齋	南乙珍	고려 말 절신	경기 양주	2. 04	〃
131	花園齋	石汝明	〃	충북 충주	3. 04	〃
132	石圃齋	金 路	〃	경기 여주	4. 01	제12권
133	松菴亭	朴門壽	〃	전북 남원	5. 06	〃
134	四可齋	李奎報	고려 선비	인천 강화	6. 03	〃
135	金笠墓	金炳淵	조선조 선비	강원 영월	7. 01	〃
136	南昌齋	孫孝貞	고려 말 절신	충남 논산	8. 05	〃
137	永慕齋	徐 閒	고려 선비	충남 예산	9. 02	〃
138	延華祠	李元發	고려 말 절신	경기 용인	10. 07	제12권

차례	곳	사 람	어떤 이	고 을	날 짜	한가락
139	履露齋	孫 策	고려 말 절신	전남 보성	4334. 11. 04	제12권
140	忠壯祠	南以興	조선조 장군	충남 당진	12. 02	〃
141	重先齋	宋 寅	고려 말 절신	전남 고흥	4335. 1. 06	〃
142	永思閣	羅繼從	〃	전남 나주	2. 03	〃
143	栗里祠	申 淇	〃	충남 서천	3. 03	〃
144	永思齋	李 棹	고려 개국공신	충남 연기	4. 07	제13권
145	時調碑	李義碩	단종 충신	충북 청원	5. 04	〃
146	鳳岡齋	尹莘達	고려 개국공신	경북 포항	5. 05	〃
147	春福齋	孫兢訓	〃	경남 밀양	6. 02	〃
148	太師祠	卜智謙	〃	충남 당진	7. 07	〃
149	歲一齋	韓 蘭	〃	충북 청원	8. 04	〃
150	德星堂	崔知夢	〃	전남 영암	9. 01	〃
151	武烈公墓	裵玄慶	〃	경북 칠곡	10. 06	〃
152	寒泉書院	全以甲 全義甲	〃	경북 달성	11. 03	〃
153	彌石齋	金宣弓	〃	경북 구미	12. 01	〃
154	敬思齋	柳車達	〃	광주 광산구	4336. 1. 06	〃
155	豊壤齋	趙 孟	〃	경기 남양주	2. 09	〃
156	太師墓	庾黔弼	〃	충남 부여	3. 02	〃
157	遠慕壇	朴英規	〃	충북 청주	4. 06	제14권
158	陵洞齋	權 幸	〃	경북 안동	5. 04	〃
159	松林齋	成思齊	고려 말 절신	경남 창녕	6. 01	〃
160	崇悳齋	金萱述	고려 개국공신	경북 구미	7. 06	제14권

차례	곳	사 람	어떤 이	고 을	날 짜	한가락
161	杜菴墓	全 賁	고려 말 충신	강원 정선	4336. 8. 03	제14권
162	城谷齋	張貞弼	고려 개국공신	경북 안동	9. 07	〃
163	追遠齋	邉安烈	고려 말 충신	경기 남양주	10. 05	〃
164	崇祖壇	李堅雄	고려 개국공신	충남 천안	11. 02	〃
165	台庄齋	金宣平	〃	경북 안동	12. 07	〃
166	敬收堂	李悤言	〃	경북 성주	4337. 1. 04	〃
167	慕隱壇	蘇格達	〃	경기 안성	2. 01	〃
168	慕麗壇	邉 肅	고려 말 절신	경기 포천	3. 07	〃
169	景慕祠	羅聰禮	고려 개국공신	전남 나주	4. 11	제15권
170	聚斯堂	金 佶	〃	전남 담양	5. 02	〃
171	篁山祠	崔必達	〃	강원 강릉	6. 06	〃
172	鶴山書院	朴允雄	〃	경남 울산	7. 04	〃
173	學士公墓	李 皐	고려 말 절신	경기 수원	8. 01	〃
174	戀主閣	康得龍	〃	경기 과천	9. 05	〃
175	壯景公壇	許宣文	고려 개국공신	경기 김포	10. 03	〃
176	鳳山祠	姜以式	고구려 장군	경남 진주	11. 07	〃
177	飮水齋	金方慶	고려 말 장군	경북 안동	12. 05	〃
178	仁興書院	秋 適	고려 말 선비	대구 달성	4338. 1. 09	〃
179	永慕堂	李湯休	고려 말 절신	전북 임실	2. 06	〃
180	湖隱墓	洪 演	단종 충신	경기 양주	3. 06	〃
181	景烈祠	鄭 地	고려 충신	광주 북구	4. 03	제16권
182	平章事公墓	朴元浤	〃	강원 인제	5. 01	〃
183	敬止齋	金 坵	고려 충신	전북 부안	6. 12	제16권

차례	곳	사 람	어떤 이	고 을	날 짜	한가락
184	龍安祠	李思之	고려 말 절신	경남 밀양	4338. 7. 03	제16권
185	陶隱齋	李崇仁	〃	경북 성주	8. 07	〃
186	龍岡祠	朴 諏	〃	경남 양산	9. 04	〃
187	崇義齋	李存仁	〃	경북 김천	10. 09	〃
188	望松齋	韓哲冲	〃	경남 합천	11. 20	〃
189	居平祠	魯 愼	〃	전남 나주	12. 04	〃
190	忠敬書院	廉致中	〃	전남 나주	4339. 1. 08	〃
191	書雲齋	金 綏	〃	경기 의왕	2. 05	〃
192	陶山齋	朴可興	〃	경기 남양주	3. 19	〃
193	永慕齋	池勇奇	고려 말 충신	충남 아산	4. 02	제17권
194	麥山齋	成仁輔	고려 충신	경남 창녕	5. 14	〃
195	玉溪書院	張安世	고려 말 절신	경북 구미	6. 03	〃
196	下松齋	金 起	〃	경북 구미	7. 02	〃
197	永慕齋	金七陽	〃	전남 강진	8. 06	〃
198	養眞堂	姜 著	〃	경북 안동	9. 03	〃
199	鳳停齋	申得淸	〃	경북 영덕	10. 01	〃
200	聖巖書院	柳 淑	고려 충신	충남 서산	11. 05	〃
201	明禮閣	柳惠孫	고려 말 절신	경기 고양	12. 10	〃
202	泮谷書院	鞠 穤	〃	전북 완주	4340. 1. 07	〃
203	忠義祠	申包翅	〃	전남 고흥	2. 04	〃
204	政丞公墓	任 珦	〃	충남 보령	3. 04	〃
205	忠簡公墓	尹 璜	〃	충남 당진	4. 01	제18권
206	鳴灘書院	李明誠	고려 말 절신	충남 공주	5. 13	제18권

차례	곳	사 람	어떤 이	고 을	날 짜	한가락
207	文憲書院	崔安澤	고려 말 절신	경기 오산	4340. 6. 03	제18권
208	浮海亭	盧仁正	〃	경남 고성	7. 01	〃
209	長沙齋	金臣寶	〃	전북 고창	8. 05	〃
210	洛東書院	禹玄寶	〃	대구 달서	9. 02	〃
211	逸老公墓	金揚南	〃	경기 연천	10. 07	〃
212	典書公墓	柳從惠	〃	경북 안동	11. 04	〃
213	平章事公壇	柳 池	〃	전북 완주	12. 02	〃
214	追遠齋	宋 桂	〃	전남 담양	4341. 1. 06	〃
215	肅文齋	柳 渾	〃	전북 완주	2. 03	〃
216	慕忠齋	吳 僖	〃	전북 익산	3. 09	〃
217	嚴毅公壇	朴述熙	고려 개국공신	경기 의정부	4. 06	제19권
218	謝臥齋	全 順	고려 말 절신	경북 고령	5. 04	〃
219	泮亭齋	田子壽	〃	경북 울진	6. 01	〃
220	典書公墓	崔 濱	〃	경기 양주	7. 06	〃
221	桂林齋	崔有江	〃	경기 양평	8. 03	〃
222	兩樂亭	崔七夕	〃	전북 임실	9. 07	〃
223	東山祠	崔安雨	〃	전남 나주	10. 05	〃
224	驪江公墓	尹忠輔	〃	경기 양평	11. 02	〃
225	景慕齋	金若時	〃	경기 광주	12. 07	〃
226	典書公壇	徐 輔	〃	충남 천안	4342. 1. 04	〃
227	霞山祠	魏 种	〃	전남 장흥	2. 01	〃
228	竹林齋	曺大運	고려 말 절신	전남 담양	3. 01	제19권

차례	곳	사 람	어떤 이	고 을	날 짜	한가락
229	德隱齋	趙仁璧	고려 말 절신	경기 파주	4342. 4. 05	제20권
230	景雲齋	張天永	〃	강원 동해	5. 03	〃
231	武陽書院	崔允德	〃	광주 광산	6. 07	〃
232	孤竹齋公壇	趙安卿	〃	경기 연천	7. 05	〃
233	牛山書院	金臺卿	〃	전남 무안	8. 02	〃
234	誠久祠	卞 贇	〃	경남 마산	9. 06	〃
235	五忠祠	宣允祉	〃	전남 보성	10. 10	〃
236	世德祠	卓光茂	〃	경북 안동	11. 08	〃
237	琴隱公墓	李陽昭	〃	경기 연천	12. 06	〃
238	敬慕齋	金 恂	고려 말 충신	경기 안양	4343. 1. 10	〃
239	賢慕齋	閔 愉	고려 말 절신	경기 김포	2. 07	〃
240	世德祠	孟希道	〃	충남 아산	3. 07	〃
241	永慕齋	金永煦	고려 말 충신	충북 청원	4. 11	제21권
242	上黨祠	郭 樞	고려 말 절신	충북 청주	5. 02	〃
243	都摠制公墓	朴德公	〃	경기 의정부	6. 13	〃
244	永慕齋	蔡玉澤	〃	전북 군산	7. 04	〃
245	永雲齋	宋 郊	고려 말 충신	전북 정읍	8. 08	〃
246	趙琴隱公墓	趙 悅	고려 말 절신	경남 함안	9. 05	〃
247	東岡公墓	李 隣	〃	강원 원주	10. 03	〃
248	松菴公墓	金 秩	〃	충남 아산	11. 07	〃
249	學堂齋	金成牧·金休	〃	충남 연기	12. 05	〃
250	李舍人公壇	李 蓨	〃	전북 익산	4344. 1. 09	〃
251	湘水齋	洪 智	〃	경기 양주	2. 06	〃
252	奉哥池	奉 佑	고려 충신	인천 강화	3. 06	제21권

차례	곳	사 람	어떤 이	고 을	날 짜	한가락
253	源仁齋	許 謙	인천이씨 시조	인천 연수구	4344. 4. 03	제22권
254	溫水君神壇	方 雲	온양방씨 시조	충남 아산	5. 01	〃
255	龍岡齋	尹 威	남원윤씨 시조	전남 구례	6. 12	〃
256	慕先祠	鄭普天	온양정씨 시조	충남 아산	7. 03	〃
257	始祖公壇	趙 岑	양주조씨 시조	서울 강북구	8. 21	〃
258	始祖公壇	李敦守	덕수이씨 시조	충남 아산	9. 04	〃
259	龍田齋	徐 稜	이천서씨 효자	전남 장성	10. 09	〃
260	東谷書院	趙 愼	고려 말 절신	충남 부여	11. 06	〃
261	渡東齋	蔣 壻	아산장씨 시조	충남 아산	12. 04	〃
262	判事公壇	李守仁	고려 말 절신	경기 평택	4345. 1. 08	〃
263	遠慕齋	全 信	〃	인천 강화	2. 05	〃
264	節制使公墓	李 沃	〃	경기 포천	3. 04	〃
265	海巖亭	沈東老	삼척심씨 시조	강원 동해	4345. 4. 01	제23권
266	慕賢齋	睦孝基	사천목씨 시조	서울 도봉구	5. 12	〃
267	梅山書院	文益漸	고려 말 절신	경기 여주	6. 16	〃
268	三莊齋	金子進	〃	전남 나주	7. 07	〃
269	思陽影堂	李公升	고려 충신	충북 진천	8. 11	〃
270	苾芬齋	邊 靜	고려 말 절신	전남 장성	9. 01	〃
271	典書公墓	朴元象	〃	대전 동구	10. 13	〃
272	慕先齋	崔原儒	고려 충신	충북 충주	11. 03	〃
273	追遠齋	田得雨	고려 말 절신	충남 부여	12. 01	〃
274	雙明齋	李仁老	고려 충신 문장가	경남 의령	4346. 1. 05	〃
275	西河公墓	林 椿	〃	인천 서구	2. 02	〃
276	楡川齋	崔文漢	고려 말 절신	강원 강릉	3. 09	제23권

차례	곳	사 람	어떤 이	고 을	날 짜	한가락
277	燕岐大捷碑	金 忻	고려 장군	세종 연서	4346. 4. 06	제24권
278	龍江書院	朴 犀	〃	경기 고양	5. 04	〃
279	惕若齋公壇	金九容	고려 충신	경기 포천	6. 08	〃
280	追遠齋	崔立之	〃	강원 강릉	7. 06	〃
281	省農公墓	全思安	고려 절신	인천 강화	8. 10	〃
282	鼎井齋	禹 倬	고려 충신	경북 안동	9. 07	〃
283	世德祠	趙 冲	고려 장군	강원 횡성	10. 05	〃
284	永慕齋	金得和	〃	경북 상주	11. 02	〃
285	文景齋	李存吾	고려 충신	서울 서초구	12. 07	〃
286	霜露齋	朴尙衷	〃	전남 나주	4347. 1. 04	〃
287	文懿公墓	朴 恒	〃	강원 춘천	2. 08	〃
288	慕省齋	柳公權	고려 충신	경기 포천	3. 08	〃
289	文學臺	李文挺	고려 절신	전북 전주	4347. 4. 06	제25권
290	孫乭公墓	孫 乭	고려 충신	경기 김포	5. 10	〃
291	執義公壇	禹洪得	〃	강원 영월	6. 14	〃
292	松山齋	鄭 矩	고려 절신	경기 의정부	6. 29	〃
293	判書公壇	禹洪命	고려 충신	대구 달서	8. 09	〃
294	大提學公壇	禹洪壽	〃	대전 유성	9. 13	〃
295	安子墓	安 珦	〃	경기 의왕	10. 11	〃
296	象山齋	徐 熙	고려 장군	경기 여주	11. 01	〃
297	益齋公壇	李齊賢	고려 충신	경기 용인	12. 06	〃
298	金就呂 將軍墓	金就呂	고려 장군	인천 강화	4348. 1. 10	〃
299	寒泉齋	尹 侅	고려 충신	경기 시흥	2. 14	〃
300	永慕齋	李碩才	고려 초신	충남 공주	3. 07	제25권

차례	곳	사 람	어떤 이	고 을	날 짜	한가락
301	景遠祠	李子蓆 三兄弟	고려 충신	세종 전의	4348. 4. 04	제26권
302	景芸祠	李彦冲	〃	경기 여주	5. 02	〃
303	龍巒齋	梁朱雲	〃	전북 남원	6. 13	〃
304	典農正公墓	李 雄	고려 절신	경북 안동	7. 11	〃
305	追遠齋	安文凱	고려 충신	경북 영주	8. 08	〃
306	遠慕齋	裵 矩	고려 절신	충북 영동	9. 05	〃
307	慕道齋	裵晉孫	〃	경북 성주	10. 10	〃
308	直提學公墓	裵尙度	〃	경기 파주	11. 07	〃
309	永慕庵	安永儒	고려 충신	경북 영주	12. 05	〃
310	典書公墓	裵尙恭	고려 절신	경북 안동	4349. 1. 09	〃
311	武烈祠	裵乙瑞	고려 절신	전남 나주	2. 13	제26권
312	學亭書院	洪 鵬	조선조 선비	전북 임실	4. 09	제27권
313	報遠齋	李達衷	고려 충신	경북 안동	5. 21	〃
314	文簡公墓	李 挺	〃	충북 진천	6. 18	〃
315	永思齋	朴元龍	고려 절신	충북 영동	7. 09	〃
316	判書公墓	朴長生	〃	충북 음성	8. 06	〃
317	追遠亭	李作臣	고려 충신	경남 합천	9. 03	〃
318	退庵祝祭	金居翼	고려 절신	충남 부여	9. 30	〃
319	義易堂	禹仲大	고려 충신	충북 단양	11. 12	〃
320	巖灘公墓	李養蒙	고려 절신	경기 광주	12. 03	〃
321	釣隱公墓	柳 珣	〃	경기 고양	4350. 1. 07	〃
322	易菴公壇	成士達	고려 충신	경기 양주	2. 04	〃
323	懿德祠	車安卿	고려 절신	경기 평택	3. 04	제27권
324	松泉書院	李貞幹	조선 선비	충북 청주	4. 08	제28권

차례	곳	사 람	어떤 이	고 을	날 짜	한가락
325	藥圃公墓	李海壽	조선 선비	경기 양주	4350. 5. 13	제28권
326	五山公墓	車天輅	〃	경기 과천	6. 10	〃
327	金山祠	金庾信	신라 장군	경기 화성	7. 15	〃
328	安谷書院	朴世勳	조선 선비	경기 화성	8. 19	〃
329	草堂公墓	許 曄	〃	경기 용인	9. 23	〃
330	都節制使公墓	李承幹	〃	경남 진주	10. 28	〃
331	於于堂墓	柳夢寅	〃	경기 가평	11. 25	〃
332	忠義齋	李愼儀	〃	경기 고양	12. 23	〃
333	樊巖公墓	蔡濟恭	〃	경기 용인	4351. 1. 27	〃
334	雪雲齋	徐 渻	〃	경기 포천	2. 10	〃
335	鷺江書院	朴泰輔	조선 선비	경기 의정부	3. 03	제28권
336	通亭公墓	姜淮伯	여말·선초 선비	경기 연천	4. 21	제29권
337	月亭公墓	柳廷顯	〃	경기 안양	5. 26	〃
338	鶴蘭齋	朴蘭英	조선 선비	경기 이천	6. 16	〃
339	北窓公墓	鄭 磏	〃	경기 양주	7. 14	〃
340	阿干公墓	徐神逸	신라 선비	경기 이천	8. 18	〃
341	舞雩亭址	李聖任	조선 선비	〃	9. 29	〃
342	六槐亭	嚴用順	〃	〃	10. 13	〃
343	珍山公墓	慶 綿	〃	경기 여주	11. 10	〃
344	藥泉公墓	南九萬	〃	경기 용인	12. 22	〃
345	芝村公墓	李喜朝	〃	경기 남양주	4352. 1. 19	〃
346	開谷齋	林繼楨	고려말 선비	경기 김포	2. 16	〃
347	敬祖祠	趙廷翼	조선 선비	〃	3. 23	제29권

한가락모임 회원

차례	아 호	이 름	하는 일	한가락
1	벽고(碧皐)	장대열(張大烈)	중등학교 교사	제1권
2	여산(汝蒜)	이병진(李炳振)	회사 경영	〃
3	해봉(海峯)	홍종련(洪鐘連)	국회자문위원	〃
4	옥마(玉馬)	신광철(申光澈)	외국어교육진흥원장	〃
5	함주(咸州)	이재철(李在徹)	롯데건설 소장	〃
6	청잠(菁岑)	이기현(李基昡)	이향동근회 연구실장	〃
7	고룡(古龍)	맹치덕(孟致德)	중등학교 교사	〃
8	욕천(浴川)	최장호(崔章鎬)	건강보험심사평가원	〃
9	노산당(魯山堂)	전향아(全香阿)	한가락 총무	〃
10	웅천(熊川)	최정환(崔正煥)	중등학교 교사	〃
11	고천(孤川)	김종열(金種悅)	중등학교 교사	〃
12	귀원(龜原)	김한기(金漢基)	중등학교 교사	〃
13	두고(斗皐)	홍봉성(洪鳳性)	국방부 과장	제2권
14	계천당(桂川堂)	이화용(李華鏞)	초등학교 교사	〃
15	갑고(甲皐)	홍영표(洪永杓)	대학 교수	제3권
16	문원(文園)	김경미(金京美)	대학원생	〃
17	소정(蘇亭)	이정웅(李正雄)	중등학교 교사	〃
18	동원(東原)	조형증(趙亨增)	세동실업 근무	제4권
19	청운(青雲)	정성심(鄭成心)	중등학교 교사	〃
20	소운(昭云)	정연경(丁燃敬)	추사체연구회 이사	제5권
21	노봉(蘆峯)	유인수(柳仁秀)	중등학교 교사	〃

차례	아 호	이 름	하는 일	한가락
22	서봉(瑞峰)	조철식(趙徹植)	중등학교 교사	제6권
23	안일당(安逸堂)	이원희(李元熙)	동천서숙 총무	〃
24	설전(雪荃)	임준신(任準臣)	설전화실 원장	〃
25	우인(又仁)	경우수(慶佑秀)	자영업	제7권
26	세화(世華)	정무진(丁武鎭)	중등학교 교사	〃
27	소곡(蘇谷)	김길웅(金吉雄)	중등학교 교사	제9권
28	석초(石艸)	홍오선(洪五善)	중등학교 교사	〃
29	청송(青松)	송화엽(宋和曄)		〃
30	매현(梅峴)	김낙원(金洛元)	서예학원 원장	제10권
31	심계(深溪)	이우원(李雨源)		제11권
32	예주(瀛州)	김영기(金榮基)	한의원 원장	제13권
33	가산(佳山)	임봉훈(任奉壎)	대한전기공업사 대표	제15권
34	서원(西原)	김용대(金容大)	서울진양주식회사 대표	제16권
35	현정(賢亭)	정현정(鄭賢禎)	서예가	제17권
36	삼우당(三又堂)	장선숙(張善淑)	서예가	〃
37	청담(青潭)	민영순(閔永順)	한국서가협회 초대작가	〃
38	해월(海月)	채현병(蔡賢秉)	초등학교 교사	제19권
39	시우(時雨)	이경희(李京姬)		제21권
40	오남(梧南)	이종관(李鍾寬)	변호사	제22권
41	서천(抒洊)	조경휘(趙京彙)	서예가	제27권

>한가락 모임 지은이<

최권흥 최장호 전향아 홍영표 이원희

임준신 경우수 임봉훈 이종관 조경휘

한가락 시조집 ㉙

선비의 노래를 부르며

2019년 4월 22일 초판1쇄 인쇄
2019년 4월 28일 초판1쇄 발행

지은이 한가락 모임
펴낸이 김 영 환
펴낸곳 도서출판 다운샘

주소 05661 서울특별시 송파구 중대로27길 1(오금동)
전화 (02) 449-9172 팩스 (02) 431-4151
E-mail : dusbook@naver.com
등록 제1993-000028호

ISBN 978-89-5817-450-9 04810
ISBN 978-89-5817-245-1 (세트)

값 19,000원

「이 도서의 국립중앙도서관 출판예정도서목록(CIP)은 서지정보유통지원시스템 홈페이지(http://seoji.nl.go.kr)와 국가자료공동목록시스템 (http://www.nl.go.kr/kolisnet)에서 이용하실 수 있습니다.
(CIP제어번호: CIP2019015818)